Norbert Weiss

Der innerbetriebliche Prozess der Ideenbewertung

Voraussetzungen
Bewertungsmethoden
Ablauf

Norbert Weiss

Der innerbetriebliche Prozess der Ideenbewertung

Voraussetzungen · Bewertungsmethoden · Ablauf

RKW-Nr. 1514
ISBN 3-89644-261-9

Layout: RKW, Eschborn
Druck: KlarmannDruck, Kelkheim

Inhaltsverzeichnis

> **„Ideen halten sich nicht. Es muss etwas mit ihnen getan werden."**
> Alfred North Whitehead; Philosoph (1862-1947)

1 Einleitung

Schaut man sich einschlägige Publikationen und Veröffentlichungen an, die sich mit *„Ideen bewerten"* im unternehmerischen Kontext beschäftigen, ist das Ergebnis meist ernüchternd. Die Literatur zu Innovation ist mittlerweile unüberschaubar geworden. Doch alle Veröffentlichungen haben eines gemeinsam: Der Bedeutungsaspekt der Veränderung durch Erneuerung wird übergangen und statt dessen sehr häufig nur der Aspekt der Neuerung betont. Verbunden ist die Betonung des Neuen mit einem zwischen den Zeilen wahrnehmbaren Werturteil: *„Das Neue ist gut und das Alte ist schlecht"*, weswegen viele Innovationen besser als wenige angesehen werden. *„Wer nicht innoviert stirbt"*, wird einem suggeriert. Gerne wird in diesem Zusammenhang Joseph Schumpeter mit seinem *„Prozess der schöpferischen Zerstörung"* des Bestehenden angeführt. Es ist geradezu eine *„Sucht nach Neuem"* festzustellen: *„Neu"* als Attributierung genügt häufig schon, um etwas positiv zu bewerten. Dabei sind die meisten *„Innovationen"* heute semiotischer Art, d.h. reine Etikettierungsmaßnahmen. Substantiell und strukturell *„Neues"* oder *„Innovatives"* kommt dagegen eher selten vor. An welchen Wertmaßstäben sich die Sinnhaftigkeit des Neuen orientieren oder beurteilt werden soll, bleibt verschwommen, und so wird der Beurteilungsmaßstab für Innovationen aus dem System heraus generiert und nicht hinterfragt, weil er evident zu sein scheint: Eine Innovation ist dann *„gut"*, wenn sie mehr Gewinn verspricht.

Wir nähern uns dem Thema zunächst über die grundlegenden Wortbedeutungen der in diesem Kontext auftretenden Begrifflichkeiten, ehe wir uns den eigentlichen Bewertungsmethoden im Sinne von praxisorientierten Instrumenten zuwenden. Im Anschluss daran stellen wir Überlegungen an, wie sich die Ideenbewertung in den organisatorischen Ablauf integrieren läßt. Diese Veröffentlichung bewegt sich mit Absicht auf zwei verschiedenen Ebenen: zum einen der Haupttext, der sich um größtmögliche Zugänglichkeit bemüht, zum anderen die Anmerkungen (quasi eine Veröffentlichung für sich) für den darüber hinaus Interessierten. Ein Lesehinweis sei erlaubt: Lesen Sie den Großteil der Anmerkungen besser in einem zweiten Durchgang, da sie den Fluss der Darstellung erheblich stören und unterbrechen.

Der interessierte Leser findet in der vorliegenden Veröffentlichung praxisorientierte Hinweise zu betrieblichen Ideen allgemein und zur Ideenbewertung, speziell auf die Bedürfnisse von kleinen und mittleren Unternehmen zugeschnitten. Das umfasst konkret umsetzbare Handlungsempfehlungen für den Ablauf eines innerbetrieblichen Ideen-Bewertungsprozesses von der Praxis für die Praxis. Diese Handlungsempfehlungen sind aber in jedem konkreten Einzelfall in die bestehende oder noch zu gestaltende Unternehmensphilosophie und -kultur einzupassen. Mit detaillierten „*Backmischungen*" für branchenspezifische Produktideen und deren Bewertung in Bezug auf eine erfolgreiche Markteinführung können wir nicht dienen, aber wir können Ihnen aufzeigen, wie der betriebliche Prozess gestaltet werden kann, dass Sie zu eben solchen kommen können.

Sie haben das richtige Büchlein, wenn Sie für folgende Funktionen oder Handlungsfelder in KMU verantwortlich sind: Geschäftsführer, Betriebsleiter, Produktionsleiter, Qualitätsbeauftragte, Koordinator für das betriebliche Vorschlagswesen und oder für den Kontinuierlichen Verbesserungsprozess (KVP), Führungskräfte, die auf der Suche nach einem Führungsstil sind, der motivierend wirkt und die Eigenverantwortung der Mitarbeiter im Zusammenhang mit Innovationsmanagement stärkt, oder interessierte Mitarbeiter (Moderatoren, Projektleiter und Nachwuchsführungskräfte, Potentialträger).

Wir beschreiben die Entwicklung von Leitlinien für die Gestaltung eines intensiven unternehmerischen Suchprozesses. Dabei ist die betriebliche Innovation nur eine Möglichkeit des Veränderungsprozesses im Sinne wirkungsvoller Nachhaltigkeitsstrategien und damit die Sicherung einer mittel- und langfristigen Überlebensfähigkeit von KMU in einem immer globaler werdenden Marktumfeld.

Der erste Schritt zum Neuen oder Innovativem und damit zur Bewertung von Ideen ist die exakte und möglichst vollständige Kenntnis des Alten im Sinne von unternehmerisch Bewährtem. Das Altbewährte schlägt nach unserer Erfahrung häufig genug das Neue und vermeintlich Bessere[1] und beinhaltet auch den wertschätzenden Umgang mit den bisherigen Produkten, Erfahrungen und Leistungen der Führungsebene sowie der der Mitarbeiter. Dieser wertschätzende Umgang wird nach unserer Beobachtung insbesondere bei Nachfolgeregelungen häufig nicht in gebotener Weise berücksichtigt. Ideen bewerten bedeutet in diesem Zusammenhang „*Altes in neuem Licht*" zu sehen. Bewertung erfordert eine möglichst genaue Kenntnis der alten Vorstellungen, damit diese den veränderten Bedingungen und Einsatzmöglichkeiten sinnvoll angepasst werden können. Das bedeutet auch, dass wir innerhalb der gewohnten Bahnen denken können, um uns den Weg jenseits der ausgetretenen Pfade bahnen zu können. Will heißen: Ein Unternehmen muss die Welt nicht neu erfinden, sondern durch die praxisorientierte Anwendung bewährter Denk- und Entscheidungsmethoden kann Neues entstehen. Entscheidend ist dabei, dass alle Beteiligten ein Sicherheitsgefühl wahrnehmen können, dass das Neue nicht schlechter ist als das Alte. Wenn sich im betrieblichen Umfeld nichts ändert, mit anderen Worten, alles andere gleichbleibt – was nicht oft der Fall ist – dann ist das Bewährte, das erprobt worden ist, wahrscheinlich lebensfähiger als das Neue, das überhaupt noch nicht erprobt worden ist.

Die Bewertung von Ideen ist u. E. in einen unternehmerischen Kontext[2] einzupassen, der eine unternehmensbezogene Vision, eine verantwortliche Philosophie und angemessene Handlungsethik über eine klare strategische Zielplanung zu den operativen Entscheidungen des betrieblichen Alltags umfasst. Die Geschäftsführung hat dabei immer den Blick auf den größeren Zusammenhang, die größere Gestalt gerichtet zu halten. Genau betrachtet liefert der unternehmerische Kontext die Vorsteuergrößen für eine erfolgsorientierte und sinngesteuerte Ideenbewertung, die auf der Entstehung neuer Vorstellungen basiert. Neues und damit diejenigen Ideen, die es zu bewerten gilt, beruhen fast vollständig auf der Neuverteilung und Neukombination von Ideen, die bereits im Unternehmen, der Gesellschaft oder der Menschheit vorhanden sind.[3]

Diese Veröffentlichung wäre nicht ohne viele Diskussionen bei Seminaren und Vorträgen sowie ohne die vielen Gespräche im kleinen Kreise zustande gekommen. Es wäre eine Reihe von Personen zu nennen, deren Ideen mich auf die eine oder andere Art beeinflusst haben. Stellvertretend möchte ich meinen Freund Hermann Sottong nennen, der erste Fassungen des Manuskripts gelesen und wertvolle Hinweise gegeben hat. Für die Qualität der Veröffentlichung und deren mögliche Unschärfen aber bleibt der Verfasser letztlich verantwortlich. Wenn ich mit diesem Büchlein einen kleinen Beitrag dazu leisten kann, dass sich gerade kleine und mittelständische Unternehmen in einem globaler werdenden Markt mit Hilfe eines sinnvollen praxisorientierten Ideen-Bewertungsprozesses besser behaupten können, bin ich zufrieden.

2 Begriffliche und methodische Grundlagen

Idee: Es macht Sinn, von dem einseitigen Denken der Aufklärung (beginnend mit Francis Bacon, der den Gedanken des Fortschritts, des Entdeckens, des Wissens zum zentralen Gesellschaftsprinzip emporhob), das bis heute unverändert anhält und eben gerade nicht ganzheitlich ist und auch nicht nachhaltig wirkt, abzurücken und ein fundamental anderes Verständnis und eine ganzheitliche Basis mit Nachhaltigkeitswirkung zu erarbeiten. Auch hier hilft, - wie so oft - ein Blick zurück zu den Wurzeln der Wortbedeutungen und damit ein Blick in die Vergangenheit, damit ein besseres Verständnis für das Handeln in der Gegenwart möglich wird.

Idee[1] geht auf griechisch „*idein*" zurück und bedeutet „*erblicken, erkennen*". Ursprünglich ist „*idein*" eine Zeitform von griechisch „*eidénai*" gleich „*wissen, verstehen, gesinnt sein*". Interessant ist auch der Hinweis, dass das, was sich später aus dem lateinischen „*ideális*" - im Sinne von „*der Idee, dem Urbild entsprechend*" und damit „*mustergültig, vorbildlich, vollkommen*" - verselbständigt hat, ursprünglich mit in der Bedeutung von „*idein*" und „*eidénai*" enthalten war.[2] Das alles wieder zusammen zu denken, um einen ganzheitlichen und nachhaltig verantwortbaren Entwicklungsweg von Unternehmen beschreiben zu können, das genau haben wir uns als Aufgabe gestellt. Wir gehen auf diesem Weg von der Begriffsbestimmung, die auf einem systemischen Ansatz basiert, aus: „*Ein Unterschied, der einen Unterschied macht, ist eine Idee. (Er ist ein „Bit", eine Informationseinheit)*"[3]

Bewerten: Interessanterweise gibt es keine Wortbedeutungsbeschreibung zu „bewerten". Das leitet dazu über nach „be-werten" zu schauen und so findet man bei „werten" als Verb das Substantiv „*Wert*" und zum Adjektiv „*wert*". Wert als Substantiv meint die Bedeutung „*Preis, Kostbarkeit*". Adjektivisch gebraucht bedeutet „*wert*" soviel wie „*würdig*". Vergleichbar ist die altenglische Wortbedeutung von „*gwerth*" gleich „*Preis*" oder „*Gegenwert*" ist die Ausgangsbedeutung von „*Wertgegenstand*". In der indogermanischen Version „*wert*" kommt die Bedeutung „*wenden*" im Sinne von „*werden*" im Zusammenhang mit „*Würde*" - im Sinne von „*Wert, Wertsein*" zum Ausdruck.

Innovation: Bedeutet – im Unterschied zu „*Renovation*" im Sinne von „*wieder herrichten*" oder „*erneuern*", „*Reformation*" in der Ursprungsbedeutung „*gestalten und bilden*", „*Restauration*" im Sinne von „*wieder herstellen*" und „*sich erholen*" - nicht Erneuerung, sondern lediglich „*Neuerung*" in der Bedeutung von „*Neuheit*" und „*neu*" mit bereits eingebautem Verfallsdatum. Es lässt sich einerseits empirisch beobachten, dass die Etikettierung „neu" sich häufig genug lediglich auf die Verpackung bezieht. Andererseits ist zu beobachten, dass es Neuerungen gibt - wie beispielsweise gentechnisch veränderte Lebensmittel –, wo die Folgewirkungen kaum abschließend abgeschätzt werden können und gleichzeitig eine Reversibilität kaum mehr gegeben ist. Vor diesem gedanklichen Hintergrund kann eine Innovation tendenziell eine Haltung der Verantwortungslosigkeit mitschwingen lassen, weil die für die für Innovationen in den Unternehmen verantwortlichen Führungskräfte häufig davon ausgehen, dass sich die Welt in einem abstrakten Sinne immer weiter zum *„Besseren"* entwickelt und dass *„man"* mit den Folgelasten der aktuellen Neuerung geradezu spielend fertig werden wird. Der betroffene Mensch und Mitarbeiter kann diese intendierte Beweglichkeit als individuelles Subjekt kaum nachvollziehen, weil ihm seinerseits kein *„Probeleben"* möglich ist. Innovation bedeutet auch *„Veränderung"* [4] aus lat. innovatio und *„Neuerung"* aus lat. novus.

Denkfehler Individualität: Innovationen werden zunehmend an den Schnittstellen verschiedener Disziplinen gefunden oder in deren Kombinationen. Die viel versprechendsten Innovationen entstehen vor allem an den Grenzen zwischen den Fachdisziplinen. Es kommt vor allem darauf an, *„innovative Felder"* zu initiieren, in denen das transdisziplinäre Denken entsteht. Innovationen gibt es fast nur im Plural d.h. in der Gruppe. Wer also glaubt, dass lediglich geniale Einzelkämpfer die ultimativen Einfälle haben und nur solche Einzelpersonen fördern möchte, begeht einen Denkfehler. Innovative Persönlichkeiten verfügen über die Fähigkeit, Paradoxien und Asynchronien auszuhalten und verstehen sich auf dialogisches Denken. Das beinhaltet auch, dass sich solche Persönlichkeiten in einen Gegensatz zu den beherrschenden Auffassungen ihrer Zeit (Zeitgeist) setzen. Innovation findet immer nur dort statt, wo Kooperation die Verschmelzung bisher getrennter Fähigkeiten und Fachdisziplinen ermöglicht.[5]

Solche *„innovativen Felder"* entstehen unter folgenden Voraussetzungen: Einerseits durch befähigte Führer mit charismatischer Anziehungskraft und Begeisterungsfähigkeit (d.h. Menschen mit einem sehr hohen Maß an persönlicher Integrität oder Balance zwischen Ratio und Intuition) sowie andererseits durch die richtige Mischung an unterschiedlichen Fähigkeiten in einem Führungs- und/oder Ideen-Bewertungsteam. Geniale innovative Durchbrüche sind fast immer der Ausdruck eines spezifischen Umfeldes; nur in einem innovativen Feld ergeben sich Synergieteams, die Spitzenleistungen ermöglichen. Der *„Mythos des genialen Individuums"* lenkt von der Tatsache ab, dass hinter jeder (innovativen) Spitzenleistung ein Unterstützerfeld steht. In diesen Synergieteams spielen besonders befähigte Führer eine entscheidende Rolle. Um diesen charismatisch wirkenden Führer kristallisieren sich Synergiepartner, die mit ihren unterschiedlichen Fähigkeiten vom Führer wie in einem physikalischen Energiefeld angezogen werden. Erst durch das Zusammentreffen der unterschiedlichen Fähigkeiten aufgrund der energetischen Anziehungskraft lässt sich etwas Neues entwickeln. Im Rahmen des Ideen-Bewertungsprozesses sind solche Synergieteams lernend für jedes Unternehmen zu entwickeln. Diese Synergieteams können dann die Vorreiter und Promotoren für einen das ganze Unternehmen umfassenden Entwicklungsprozess in Bezug auf eine zukunftsfähige Unternehmenskultur bilden.

3 Voraussetzungen einer sinnvollen betrieblichen Ideenbewertung

Eine sinnvolle betriebliche Ideenbewertung und damit Förderung von Innovationen im Unternehmensalltag beginnt mit dem Nachdenken darüber, was überhaupt *„Innovation"* ist und woran qualitative Innovate erkennbar sind. Anders gewendet bedeutet das, dass die Innovationen und Bewertung derselben nie von einer innerbetrieblichen Wertediskussion losgelöst durchgeführt werden dürfen. Diese Kopplung von Ideen-Bewertung mit einer innerbetrieblichen Wertediskussion schließt immer auch ein Erfassen des Bewahrenswerten ein. Kollateralschäden des *„Neuen"* sind im Bewertungsprozess genauso mitzudenken wie mögliche Chancen. Was in diesem Zusammenhang beobachtbar vernachlässigt wird, ist das Bewertungskriterium der Reversibilität: Wenn die Bewerter im Unternehmen erkennen, dass die Innovation nicht voraussehbare/vorausgesehene Wirkungen hat, kann das Unternehmen dann die Innovation wieder rückgängig machen? Ist das – aus welchen Gründen auch immer – nicht möglich, dann handelt es sich im positiven Sinne um ein *„Killerkriterium"* der betrieblichen Ideenbewertung. So kann die Idee, Vorprodukte im lohnkostengünstigeren Ausland nicht nur herstellen, sondern dort auch entwickeln zu lassen, Wirkungen nach sich ziehen, die einerseits das Unternehmen vor große Probleme stellt (z.B. Liefertreue, Abhängigkeit vom Lieferanten in Bezug auf Liefermenge und Bezugspreis) und andererseits kaum (kurzfristig) rückgängig gemacht werden kann. Einmal im Stammwerk abgebaute personelle Kapazitäten und Know-how können zu späteren Zeitpunkten nur mit einem sehr hohen Aufwand wieder aufgebaut werden.

Das Grundproblem der Bewertung: Die Entscheider als Bewerter verfügen als Individuen lediglich über eine begrenzte Rationalität und nur über begrenzte Informationen. Darüber hinaus verarbeiten diese Entscheider mittels ihrer mentalen Modelle der Wirklichkeit unvollständige Informationen über eine zu beurteilende Idee. Jeder Mensch verfügt über ein persönliches mentales Modell zur Reduktion der Wirklichkeit auf ein bearbeitbares Komplexitätsniveau. Diese mentalen (meist unbewussten) Modelle bestimmen jedoch maßgeblich die Bewertungsentscheidungen, trotz vordergründig nach bestem Wissen und Gewissen angewandte formal-analytische Beurteilungskriterien und -methoden. Eine Unternehmung betrachten wir als soziales System, innerhalb dessen es entscheidend darauf ankommt, innovative Felder und Bewertungssysteme als sozialen Lernprozess zu gestalten. Dabei ist darauf zu achten, dass die Bewertungsgruppe nicht nur ein Synergiebewusstsein herausbildet, sondern gleichzeitig sich die mentalen Modelle und *„Bilder im Kopf"* der Gruppenmitglieder angleichen. Ideen haben in KMU viele. Diese Ideen angemessen einzuschätzen ist schwer. Dennoch führt an der Ideenbewertung kein Weg vorbei, denn eine Idee, deren Potenzial nicht abgeschätzt wird, ist wertlos. Um zu einer aussagekräftigen Bewertung einer Idee zu gelangen, ist es erforderlich, den Bewertungsvorgang nachvollziehbar zu gestalten. Erst nachdem alle mit vertretbaren Aufwand zu ermittelnden Zahlen/Daten/Fakten zusammengetragen und gesichtet wurden, kann die Unternehmensleitung eine Entscheidung fällen. An dieser Stelle ist der gesunde Menschenverstand im Zusammenspiel mit der Intuition gefragt. Ideenbewertung ist etwas genuin subjektives und kann auch gar nicht mittels Methodeneinsatz *„objektiviert"* werden, sondern nur die subjektive Perspektive kann anderen Bewertungsgruppenmitgliedern nachvollziehbar gemacht werden. Jedes Beurteilen ist interessen- und werteabhängig von dem, der beobachtet, misst oder urteilt. Bei allen Warnungen, die Sie aller Orten lesen können oder hören, nicht subjektiv zu urteilen und bei allen Vorteilen, die Testverfahren respektive Beurteilungsmethoden bieten, ist ein gutes Bauchgefühl der beste Anzeiger: Visionen lassen sich nicht messen. Häufig wird die Ideenbewertung als die Suche nach der *„Nadel im Heuhaufen"* bezeichnet und als sehr schwierig dargestellt. Das ist nach unserer Überzeugung nicht so. Mit einer dialogisch wertschätzenden Haltung gegenüber den Mitarbeitern im Allgemeinen und den Mitgliedern des Bewertungsteams im Besonderen und bei der Beachtung der Vorgehensweise, die wir vorschlagen, ist das Unternehmen auf dem nachhaltig erfolgreichen Weg oder kommt auf einen solchen, auch wenn es gerade keine Innovation *„produziert"*. Treffen zur Ideenbewertung lassen sich als *„soziale Systeme"* mit unterschiedlichen Erwartungshaltungen der Teilnehmer beschreiben. Die Kommunikation und die Steuerung derselben haben in diesem sozialen System die Aufgabe, die Teilnehmer auf eine gemeinsame Sichtweise auf das System zu bündeln, damit diese nicht aneinander vorbeireden. Das bedeutet konkret ein Mindestmaß an Organisation, eine Klärung der Verfahrensfragen, Spielregeln und Offenlegung der Auswahlkriterien für die Teilnehmer, die etwas zur Bewertung beitragen können. Darüber hinaus ist eine Steuerung des Ablaufs erforderlich: Soll interveniert werden? – Wie soll interveniert werden? – Wann ist der richtige Zeitpunkt für die Intervention? Die Teilnehmer sollten von Aufgaben der Planung, Organisation und Steuerung soweit wie möglich entlastet werden, um sich auf die Bewertungsaufgaben konzentrieren zu können. Aus diesem Grund wird die Steuerung einem allparteilichen Dritten - das kann in der Regel ein konfliktlösungs-erfahrener Moderator sein - übertragen. Im Unterschied zu vielen anderen sozialen Systemen erfordern Ideenbewertungssitzungen eine Steuerung mit einer besonderen Zielsetzung, mithin eine besondere Mission. Konkret bedeutet dies, die Aufgabe, die Anforderungen der Intuition mit solchen der Unternehmenspraxis (wie beispielsweise Ökonomie, Technik, Organisation, Markt...) mithin also den Anforderungen aus der Umwelt des Systems, zu verknüpfen. Zwischen Idealistik (Intuition, *„Bauchgefühl"*) und Realistik (Praxistauglichkeit und Neuigkeitscharakter) gilt es daher die Balance zu wahren, denn die Forderung nach der „*idealen Lösung*" beinhaltet gleichermaßen ein begrenzendes und ein entgrenzendes Konzept und ist daher geeignet, der Lösungssuche einen Rahmen zu geben. Entgrenzend ist das Konzept der „*Idealität*" insofern, als es besagt, nach Lösungen zunächst einmal unabhängig von äußeren Beschränkungen zu suchen und zu bewerten. Laien lassen sich mehr als Experten zu spekulativen Lösungsvorschlägen verführen. So gedacht, lässt sich aus der Ideenfindung[1] und unter Umständen auch aus der Ideenbewertung im wahrsten Sinne ein Kinderspiel machen, indem man, dem Motto Hewlett-Packards folgend: „*In jedem Kind steckt ein Erfinder!*", Kinder als Teilnehmer zu Meetings einlädt. Nach Friedrich Schiller ist „*der Mensch nur dort ganz Mensch, wo er spielt*"[2]. Der wachsende Konkurrenzdruck und sich überschlagende Produktzyklen gefährden überall Zeitpuffer, ergebnisoffene Begegnungen und individuelle Rückzugschancen – also jene im Gegensatz zu organisierten „*Spielwiesen*" flexible Freiräume, so dass damit weder Erfindungen noch marktgängige Zukunftsideen entstehen können. Auch die soziale Umwelt hegt i.d.R. mehr oder weniger bestimmte Erwartungen an das System „*Ideenbewertung*" und muss umgekehrt ihrerseits Anforderungen erfüllen, damit das System hinreichend effizient und effektiv arbeiten kann. Nichts ist geeigneter, Demotivation unter Teilnehmern und Mitarbeitern zu erzeugen, als ein Unternehmen, das über nur mangelhafte „*Anschlüsse*" für die Aufnahme, Bewertung und Weiterverarbeitung von Ideen und Innovationsvorschlägen ihrer Mitarbeiter verfügt.[3] Die Ideenbewertung stellt heute sehr häufig vor allem in KMU eine weitaus größere Schwierigkeit dar als die Ideenfindung. Dies liegt nicht zuletzt am mangelnden Beurteilungs-Know-how in Bezug auf die gewonnenen Entwicklungsansätze. Die größte Herausforderung des Bewertungsprozesses liegt dabei erfahrungsgemäß darin, sowohl die interne Technologie- als auch die externe Marktkompetenz zu berücksichtigen.

Auf die Haltung[4] der Ideen-Bewerter kommt es entscheidend an. Gemeint ist die innere Einstellung mithin das Menschenbild der Geschäftsführer und der (leitenden) Führungskräfte in Bezug auf den Umgang mit betrieblichen (Verbesserungs-) Ideen in der Verbindung mit der Unternehmenskultur und den damit verbundenen Führungsgrundsätzen[5]. Haltung hat mit Ethik[6] zu tun, und Haltung geht jedweder Bewertung und auch jeder Handlung voraus. Häufig kommt es in Bewertungsfragen zu Konflikten: „*Wahlchancen müssen einen Sinn haben. Das ist aber nur der Fall, wenn sie eingebettet sind in gewisse Wertvorstellungen, die Maßstäbe liefern.*"[7] Ohne (Selbst-) Vertrauen aller Beteiligten im Unternehmenssystem gibt es keine Ideen durch menschliche Phantasie und Identifikation und das hängt wieder sehr stark mit der Führungskultur zusammen. Das heißt auf die Führungskraft angewendet: Vertrauenswürdig „*machen*" kann ich als Führungskraft einen Mitarbeiter nur, wenn ich mir selbst vertraue und dann Vertrauen gebe. Vertrauen wird nach Niklas Luhmann (1989) – eine anwendungsorientierte Darstellung findet sich bei Tanja Ripperger (1998) – in einem Bewertungsverfahren dann relevant, wenn Kommunikation mittels Sprache eine Rolle spielt und das ist vor allem dann der Fall, wenn in komplexen Situationen Entscheidungen unter Unsicherheit zu treffen sind. Vertrauen reduziert Komplexität dergestalt, dass das Wesentliche wieder sichtbar wird, um Handlungsfähigkeit zu erreichen. In diesem Sinne schafft Vertrauen einen Mehrwert, denn Komplexität führt zu Ineffizienz durch Langsamkeit und zu Ineffektivität durch unklare Ziele und Werte. Damit das Vertrauen keine ausschließlich einseitige riskante Vorleistung bleibt, bieten Bewertungsverfahren einen methodischen Rahmen, innerhalb dessen sich die Mitarbeiter selbst schützen und sich auf gemeinsame Kontrollen der gegenseitigen Versprechen einigen können. Vertrauen darf aber keinesfalls sozusagen *„blindlings"* gegeben werden. Ein intendierter Selbstschutz ist notwendig, denn mit nur einseitigen Vorleistungen an Vertrauen erwirbt ein Individuum kein Recht auf das Vertrauen des anderen. Das Problem des Vertrauens entsteht gewissermaßen erst mit der Annahme der begrenzten Rationalität und der Gefahr, dass das jeweils andere beteiligte Individuum sich opportunistisch verhält und das einseitig gegebene Vertrauen im Sinne einer Vorleistung ausnutzt. Dasjenige Individuum, welches Vertrauen verweigert, überlastet sich demgegenüber selbst, denn es hat noch keine Antwort auf die Frage der Reduktion der Komplexität an Wahlmöglichkeiten gefunden. Damit überfordert sich das Individuum und macht sich tendenziell handlungsunfähig, was das Individuum veranlasst, entweder zu vertrauen oder die Komplexität dadurch zu reduzieren, dass es seine individuellen Erwartungen im Negativen konkretisiert, also misstraut. Zwar leistet Misstrauen auch eine Reduktion der Komplexität, aber es vollzieht sich in einer oft drastischen Vereinfachung. Misstrauen steigert die Informationsbeschaffungskosten, denn wer misstraut, benötigt einerseits mehr Informationen und verkürzt fast krampfhaft gleichzeitig diejenigen Informationen, auf die er sich zu verlassen getraut. Der Aufbau von Vertrauensbeziehungen als riskante individuelle Vorleistung ist demgegenüber der leichtere Weg, weil die Wahlmöglichkeiten größer werden. Misstrauen hat eine inhärente selbstbestätigende Tendenz. Vertrauen oder Misstrauen werden durch subjektive Prozesse der vereinfachenden Erlebnisverarbeitung gesteuert und sind nicht an objektiven Kriterien zu verorten. Vertrauen ist nicht nur eine riskante Vorleistung, sondern stellt gleichzeitig auf einer ersten Stufe eine irreversible Investition dar. Erst wenn der Vertrauensnehmer sich opportunistisch verhält und die Vertrauensvorleistung gewissermaßen zu seinen Gunsten ausnutzt, kann der Vertrauensgeber in einer zweiten Stufe sozusagen lernen und sich weniger vertrauensvoll auf den anderen Menschen einstellen. In der Praxis haben sich Vertrauensvorleistungen, die mit Hilfe von nachprüfbaren Schwellenwerten kontrollierbar sind, bewährt. Damit kann der Vertrauensgeber sich einerseits selbst schützen und andererseits kann sich die Vertrauensbeziehung lernend in Bezug auf eine gemeinsame Interpretation von (Bewertungs-)Situationen entwickeln.

Die gemeinsame Interpretation und die damit verbundene Differenzierung sind gerade im Bewertungsprozess eine notwendige Voraussetzung für Vertrauensbildungsprozesse. Vertrauen gründet auf einer Wertegemeinschaft[8] und ist vernünftig. Die Loyalität zu gemeinsam getroffenen Vereinbarungen ist das Kernelement von Vertrauen und ermöglicht erst den Mehrwert durch Kooperation, gewissermaßen die Vertrauensrendite. Ein Vertrauensvorschuss wirkt aber beim Vertrauensnehmer verpflichtend und bewirkt nach dem Gesetz der Reziprozität eine Bindung an den Vertrauensgeber. Mithin entsteht im Bewertungsverfahren über offene und gesteuerte Kommunikation sowie über Reflexionsprozesse eine gemeinsame Geschichte des wechselseitigen Vertrauens bei den Beteiligten, welches dann als „Hintergrundsicherung" wirkt. Das dabei entstehende Vertrauen richtet sich primär in das Verfahren als Prozess und erst in zweiter Linie in das Ergebnis. Dabei ist allerdings der Selbstschutz zu beachten, denn sonst läuft die Führungskraft Gefahr, über Rückdelegationsprozesse zu viel an Aufgaben anzuziehen.

Ideenbewertung ist eng mit ethisch verantwortlichem Handeln verknüpft, das als Produktivkraft im Unternehmenskontext angesehen werden kann. Die Wahrscheinlichkeit ist hoch, dass im ethischen Sinne optimal vorbereitete (Bewertungs-) Entscheidungen, über deren Auswirkungen angemessen informiert wird, schlussendlich auch die unternehmerisch tragfähigeren Entscheidungen sind. Dabei trifft/treffen der oder die Bewerter auf die Schwierigkeit, dass nicht jede unternehmerische Entscheidung reversibel ist. Es gehört zum grundsätzlichen Wesen von einigen Entscheidungen, dass sie nicht umkehrbar sind. Demzufolge sind bei solchen Bewertungsentscheidungen besonders anspruchsvolle Maßstäbe und sensible Kriterien in der Entscheidungsvorbereitung – mithin also in der Bewertungsphase – anzulegen. Dabei ist die Perspektive der Entscheider wesentlich: Gelingt es, anstatt einer reinen Gewinn-Orientierung sich auf eine Kundennutzen-Orientierung einzulassen, dann stimmt u.E. die Blickrichtung des Unternehmens. Gleichzeitig können dann die unternehmerischen Kräfte auf das Wesentliche konzentriert werden, d.h. Bündelung der im Unternehmen vorhandenen Energie auf die Idee mit der größten Marktchance und gleichzeitig auf eine klar umgrenzte Zielgruppe, was diejenigen Menschen umfasst, die sich durch gleiche oder nahezu identische Wünsche, Bedürfnisse, Werte und Haltung auszeichnen.[9]
„*Wer einem anderen keine Orientierung über Auffassungen, Werte und Haltungen gibt, braucht sich nicht zu wundern, wenn sich der Suchende von ihm abwendet.*"[10] Das gilt in gleichem Maße heute für diejenigen, die im Prozess der Ideenbewertung Verantwortung tragen. Folgende Erfolgsfaktoren haben sich aus unserer Beratungs- und Trainingsarbeit bei der Ideenbewertung als notwendig und hinreichend herauskristallisiert:

1. Laterales Denken, d.h. bestehende Denkstrukturen „*zerschneiden*"[11]

2. Bestmögliche Reaktion auf eine durch eine zu bewertende Idee sich verändernde Situation

3. Vision, Leitbild und Philosophie: Richtlinien der Entscheidungsfindung und Bewertungsarbeit

4. Grundhaltung und Handlungsmaßstab: Emotionen und Intuition zusammen mit Bewusstsein und Logik

5. Erfolgreiche Bewertung geht fast nur in und mit einem guten (im Sinne von ausgewogenem) Team

6. Werte und Sinn im Bewertungsprozess vermitteln („mit-bewerten")[12]

7. Haltung: Win-win-Situationen anstreben sowohl für Mitarbeiter, Führungskräfte und Kunden

4 Bewertungsmethoden

„Entscheidungssicherheit ist ein Widerspruch in sich."
Gottfried Wilhelm Leibniz; Philosoph (1646-1716)

4.1 Phänomenologische Bewertungsmethoden

Phänomenologische[1] Bewertungsmethoden basieren auf einer pragmatischen mithin auch intuitiven Vorgehensweise. Nach Untersuchungen des Max-Planck-Instituts für Grundlagenforschung macht beim einzelnen Menschen der unbewusste, emotional-intuitive Teil ca. 95 Prozent aus, während der bewusste logische Anteil bei ca. 1-2 Prozent liegt. Die restlichen ca. 2 Prozent sind das Unterbewusste, was Verhaltens- und Persönlichkeitsanteile umfasst, die in der Vergangenheit einmal bewusst waren und jetzt unterhalb der Bewusstseinsschwelle angesiedelt sind. So haben wir alle einmal ganz bewusst die Abläufe beim Autofahren gelernt, mittlerweile gestaltet sich das Autofahren zu überwiegenden Teilen routinisiert und unterhalb der Bewusstsseinschwelle[2]. Insofern haben wir in der Konsequenz eine wesentlich höhere Trefferquote und sind insofern zielführender, als die wissenschaftlich-analytischen Verfahren, wenn sich das Bewertungsteam auf die phänomenologischen Methoden konzentriert. Das hat darüber hinaus den Vorzug, dass die pragmatisch-intuitiven Bewertungsmethoden sich in KMU wesentlich leichter durchführen lassen. Das bedeutet einerseits eine größere Handlungsorientierung sowie eine schnellere Umsetzung und andererseits deutlich geringere Kosten für den Bewertungsprozess. Doch auch an dieser Stelle sei erneut darauf aufmerksam gemacht, dass die *„Phänomenologie"* mit einem Höchstmaß an Bewusstheit im Sinne von Haltung, sozialer Kompetenz, Vertrauen, Fairness in Zusammenspiel mit der Unternehmensphilosophie und den gelebten Führungsgrundsätzen einhergeht.[3]

Checkliste:

Die Checkliste unterstützt die Bewertergruppe und die Entscheider, alle verfügbaren Ressourcen, Lösungsmöglichkeiten, Beschränkungen und Probleme bei der Bewertung einer Idee in einer systematischen Weise zu erfassen und zu dokumentieren. Checklisten zur Ideenbewertung sind zahlreich vorhanden und werden ob ihrer einfachen und zeitsparenden Handhabung – in unterschiedlichen Detaillierungsgraden – sehr gerne angewendet. Die in den Checklisten Verwendung findenden Fragen lassen sich auf folgende Hauptfragen und Kriterienbereiche – die im konkreten Bewertungsfall auf die Bedürfnisse der KMU zugeschnitten werden – zusammenfassen:

1. Übereinstimmung der Idee mit der Vision, Philosophie und Strategie des Unternehmens;

2. Vorteile der zu bewertenden Idee;

3. Nachteile, die mit der Realisierung zu erwarten sind;.

4. Realisierbarkeit: Inwieweit kann auf das im Unternehmen Bewährte aufgebaut werden?

5. Ressourcenbeanspruchung für das Unternehmen (u. a. Entwicklungskosten, Anpassungskosten für Produktion und Ablauforganisation);

6. Konsequenzen für die Umsetzung (Was genau muss im Unternehmen alles geändert werden, dass die Idee praxisgerecht umgesetzt werden kann?);

7. Reversibilität, d.h. Umkehrbarkeit der Bewertungsentscheidungen, wenn in der Zukunft nicht vorhersehbare Folgewirkungen eintreten, die den Nutzen der Idee/Innovation übersteigen.

Perspektiven-Modell

Perspektive	Zweck	Bewertungsrelevante Fragen	Darauf kommt es an ...
1. Zahlen/Daten/ Fakten (ZDF)	• Trennung von Fakten und deren Übertragung auf andere Bereiche (Extrapolation) oder Interpretation und Meinungen	• Tatsache oder Wahrscheinlichkeit? • Tatsache oder Glauben?	• Zweckmäßigkeit: alle möglichen Infos sollen vorgebracht werden • Angemessene Formulierung für Wahrscheinlichkeitsgrad
2. Emotionen und Intuition	• Ahnungen, Gefühle und irrationale Aspekte des Denkens Ausdruck verleihen • Subjektive, gefühlsbetonte Perspektive sichtbar machen	• Welche Emotionen sind beteiligt? • Welche Motive menschlichen Handelns sind damit jeweils verbunden? • Wie gehen wir mit Gefühlen und der Intuition um?	• Keine Rechtfertigung für diese Perspektive notwendig • Ursachen und Gründe müssen nicht dargelegt werden

Perspektive	Zweck/Fragen	Bewertungsrelevante Fragen	Darauf kommt es an
3. Logische Kritik: Risiko-Seite	• Problembeschrei-bung; keine Problemlösung • Schwächen der (eigenen) Idee aufzeigen • Negatives Denken deutlich werden lassen	• Welche Risiken und Gefahren gibt es? • Warum wird sich die Idee nicht realisieren lassen (Erfahrungen)? • Gibt es Denkfehler?	• Nur logische und relevante Gründe/Ursachen sind gefragt • Zukunft aus der Vergangenheit heraus beurteilen • „Advocatus Diaboli" und Kassandra (Prophetin des Untergangs = spekulativ negativer Aspekt)
4. Logische Kritik: Vorteils-Seite	• Optimistische Beurteilung einer Idee • Effektivität durch konstruktives Denken und Konzentration auf die Vorteile • Spekulatives Moment: in die Zukunft vorausgreifen	• Wo ist die Grenze zwischen Optimismus und Torheit? • Begründung der Vorteile und Nutzen daraus • Was ist das bestmögliche Zukunftsszenario?	• Konkrete Vorschläge • Handlungsdenken • Keine Euphorie zulassen • Keine Generierung neuer Ideen • Entdeckung nützlicher Aspekte und deren Rechtfertigung
5. Alternativen	• Über das Bekannte, Zufriedenstellende hinaus denken • Generierung alternativer aber verwandter Ideenbewertung • Anwendung lateralen Denkens (musterbildendes Verhalten)	• Wohin kommen wir mit dieser Idee? • Gibt es Alternativen? • Wie können wir die Idee brauchbar machen?	• Provokationen können uns aus unseren Denkmustern herausführen, um neue Sichtweisen zu ermöglichen

Perspektive	Zweck/Fragen	Bewertungsrelevante Fragen	Darauf kommt es an
6. Steuerung und Leitung	• Reflexion über das Denken in Perspektivenwechsel • Einhaltung der Spielregeln, Organisation der Bewertungsarbeit • Verantwortung für Überblicke und Entscheidungen	• Welche Reihenfolge der Perspektiven ist sinnvoll? • Was ist das Wesentliche? • Wie genau lautet die Idee/der Verbesserungsvorschlag?	• Dynamik erzeugen • Ordnen und auf das Wesentliche hinlenken • Mitteilung der Beobachtungen • Abstimmung mit der Bewertungsgruppe • Einhaltung des Rahmens (z.B. Zeit)
7. Advokatorische Ethik	• Reflexion über eine nachhaltige Lösung, die auch für folgende Generationen verantwortbar ist	• Kann auch die nachfolgende Generation darin Sinn und Nutzen erkennen? • Sind die Konsequenzen der Innovation nachhaltig verantwortbar? (Bspw. Folgekosten der Entsorgung?) • Wer trägt die Folgekosten und wollen wir das in dieser Weise?	• Verlängerung der typischerweise sehr kurzsichtigen Perspektive in die Zukunft hinein. • Abgleich mit der auf längere Sicht angelegten Unternehmensphilosophie und -kultur • Verbindung von von Ethik und Betriebswirtschaft, was ökonomisch sich positiv auswirkt.

Dialog des inneren Teams[4]

Diese Ideen-Bewertungsmethode ist eine genuin intuitive Methode und eignet sich besonders gut für Ideen und Vorschläge, für die sich nach einer ersten (Vor-) Prüfung „*lediglich*" gefühlsmäßige Urteile bilden lassen und ohne dass konkrete prognostische Daten erhoben werden könnten. Das Bewertungsteam fragt systematisch seine individuellen „inneren Teammitglieder" ab und setzt sie zu der Idee gefühlsmäßig in Beziehung. Beispielsweise kann gefragt werden:

- „Was sagt mein erfolgsorientierter Teil zu dieser Idee?"

- „Was meint der skeptische Teil dazu?"

- „Wie stellt sich der sicherheitsorientierte Teil dazu?"

- „Welche intuitive Meinung hat dazu der kämpferische Teil?"

- „Welches Gefühl stellt sich beim moralischen Teil ein?"

- „Was sagt der ängstliche Anteil?"

- „Was sagt der rationalistische (be-) rechnende Teil?"

- ...

Jeder der Bewertungsgruppenmitglieder kann zunächst einmal unter Leitung des Gruppenmoderators sein individuelles Team zu jeder einzelnen Idee „befragen" und diese dann auf einem (Flipchart-) Blatt für alle anderen sichtbar skizzieren. Anschließend stellen die Gruppenmitglieder ihre Ergebnisse den anderen vor, und der Moderator versucht, ein gemeinsames Bild der Bewertung der Idee entstehen zu lassen. Leitfragen können dabei sein: Welcher Teil bildet sich als Schwerpunkt heraus? Sind die anderen „*Stimmen*" möglicherweise von der Idee noch zu überzeugen, wenn Ergänzungen gemacht werden? Ist es sinnvoll, die Idee weiter zu verfolgen und möglicherweise mit dem Perspektiven-Modell sinnvoller zu bewerten?

Das Ergebnis wird auf einem Erfassungsbogen festgehalten und der Geschäftsleitung im Zuge eines positiven Bewertungsurteils zur Entscheidung vorgelegt oder im negativen Falle archiviert.

Bei der Bewertungsmethode, die mit dem Dialog des inneren Teams arbeitet, ist es ganz besonders wichtig, dass der Moderator einen echten Kontakt zwischen den Bewertungsgruppenmitgliedern herstellt und damit die Verletzung der Selbstachtung der Mitglieder verhindert. Diese Bewertungsmethode ist gleichzeitig die Einübung eines neuen Umgangs miteinander, das so in Unternehmen nicht alltäglich ist: Es geht um die inneren Befindlichkeiten der beteiligten Menschen – ein ganz besonders sensibler Bereich, aber gerade für Bewertungsfragen ein unerlässlicher Potenzialbereich. *„Das ist das Schmerzlichste bei Veränderungen: das Bekannte aufzugeben und in Unbekanntes einzutauchen. Wir kennen diese Schmerzen als Sorge oder Unsicherheit. Wir müssen nur unsere eigene Einstellung ändern und neue Verhaltensweisen dazulernen. Und das kann jeder"*[5]. Virginia Satir beschreibt so genannte fünf Freiheiten als Voraussetzung, damit Ideen geschaffen werden und sich im Unternehmen einiges positiv verändern kann. Gleichzeitig bilden diese fünf Freiheiten die Kraft, sich einerseits im gegenseitigen Einvernehmen mit anderen Gruppenmitgliedern zusammenzuschließen und andererseits gültige respektive sinnvolle Urteile fällen zu können. Die fünf Freiheiten[6] sind:

1. „Die Freiheit, das zu sehen und zu hören, was im Moment wirklich da ist."

2. „Die Freiheit, das auszusprechen, was ich wirklich fühle und denke."

3. „Die Freiheit, zu meinen Gefühlen zu stehen."

4. „Die Freiheit, um das zu bitten, was ich brauche."

5. „Die Freiheit, in eigener Verantwortung Risiken einzugehen."

Nach unseren Erfahrungen und unserem Verständnis hat der Moderator der Bewertungsgruppe die Aufgabe, diese fünf Freiheiten vorzuleben und sie den anderen Gruppenmitgliedern zu ermöglichen.

4.2 Engpasskonzentrierte Bewertungsmethode

Die Frage, warum manche KMU in globaler und härter werdenden Märkten signifikant erfolgreicher sind als andere, hat nach unserer Erfahrung weniger mit Tradition, Kapital oder Zufällen zu tun, sondern entscheidet sich mit der richtigen Strategie. Richtig ist in diesem Zusammenhang eine Unternehmensstrategie dann, wenn das Unternehmen seine Fähigkeiten und Ressourcen auf das Wesentliche an der entscheidenden Stelle konzentriert.[7] Das bedeutet in letzter Konsequenz die Entwicklung eines innovativen Problemlösekonzepts für eine passende Zielgruppe innerhalb eines Erfolg versprechenden Aufgabenfeldes, das wiederum zu den ausgewiesenen Stärken des Unternehmens passt. In der letzten Stufe erfolgt eine Integration des Unternehmens in die (Wunsch-) Zielgruppe bei einer gleichzeitigen Spezialisierung auf ein konstantes Grundbedürfnis dieser Zielgruppe[8]. Diese so genannte engpasskonzentrierte Vorgehensweise ist gerade auch bei Ideen und deren Bewertung sinnvoll und notwendig, weil damit häufig eine strategische Neuausrichtung des Unternehmens verbunden ist oder sein kann. An dieser Stelle schließt sich der Kreis zu einleitenden Ausführungen im Zusammenhang mit *„Vertrauen"*: Auch die engpasskonzentrierte Bewertung basiert ganz entscheidend auf (Selbst-) Vertrauen, ohne das es keine Wertschöpfung durch menschliche

Phantasie, Identifikation und Kreativität gibt. Darüber hinaus ist für die engpass-konzentrierte Vorgehensweise eine Transformation der unternehmerischen Haltung weg von einer einseitigen Gewinn-Orientierung hin zu einer Kundennutzen-Orientierung.

Vor diesem Hintergrund ist die Auswahl der Bewertungskriterien eng mit der Engpasskonzentrierung verknüpft. Die Auswahl der Kriterien für eine Ideenbewertung bestimmt maßgeblich die Qualität des Bewertungsverfahrens. Ein erster Ansatz sind die drei folgenden Kategorien:

1. Strategische Zielsetzung:

- Entspricht die Idee den Unternehmens-Zielen, der -Vision, dem -Leitbild?
- Passt die Idee in das Leistungsportfolio?
- Wie hoch ist der gegenwärtige „Problemdruck"?

2. Wirtschaftlichkeit

- Wie hoch ist der Aufwand zur Realisierung?
- Erfüllt die Idee den Anspruch bezüglich ihres Nutzens, d.h. Nutzen-Orientierung statt Gewinnorientierung?

3. Akzeptanz

- Wie groß ist die Zielgruppe?
- Wie hoch ist der Bedarf potenzieller Nutzer?

Um die Bedeutung der Kategorien unterschiedlich zu gewichten, können Gewichtungsfaktoren gewählt werden. Beispielsweise kann die Wirtschaftlichkeit mit einem Faktor „3" versehen werden.

Anwendung:

1. Legen Sie die Bewertungskategorien im Führungskreis gemeinsam im Konsens fest.

2. Unterlegen Sie die Kategorien mit unternehmensrelevanten Fragestellungen.

3. Versehen Sie die Kategorien mit Gewichtungsfaktoren.

4. Tragen Sie die Idee(n) in die Kopfspalte eines Arbeitsblattes ein.

5. Lassen Sie jeden Bewertungsgruppenteilnehmer die Idee(n) bewerten.

6. Fassen Sie die individuellen Bewertungen zu einer Gesamtbewertung der Gruppe zusammen.

7. Besprechen Sie in der Gruppe die Ergebnisse und treffen Sie eine umsetzungsrelevante Entscheidung.

Haltung und Selbstverständnis der die Unternehmung verkörpernden Geschäftsführung:

1. Unternehmensvision: Wo wollen wir in 10 oder 20 Jahren hin?

2. Unternehmenskernwerte: Was ist uns wichtig?

3. Unternehmensleitbild: Wie wollen wir intern miteinander und extern mit unseren Kunden und Lieferanten umgehen?

4. Unternehmensziele: Wo wollen wir in 2 bis 5 Jahren stehen?

5. Zielgruppe: Für welche Menschen oder Organisationen wollen wir arbeiten? Haben diese die gleichen oder ähnlichen Werte wie wir?

6. Was genau ist das dringendste Problem unserer (Wunsch-) Zielgruppe?

7. Hat das Unternehmen eine innovative - im Sinne von einzigartig – Lösung für das dringendste Problem der (Wunsch-) Zielgruppe?

5 Ablauf des Ideen-Bewertungsprozesses/ Verfahrensdesign

„Alles denken ist diskursiv."[1] Der Begriff „Diskurs" ist italienischen Ursprungs und bedeutete ursprünglich Erörterung und Verhandlung. Diskursiv wird heute ein Denken bezeichnet, welches sukzessiv das Ganze zunächst in seinen einzelnen Teilen durchläuft und die integrierte Gesamtheit erst allmählich erkennbar wird. Entscheidend ist dabei, dass es sich um ein methodisches, systematisches und vor allem begriffliches Vorgehen handelt. Erst die zwischen Menschen als Bewertern gegenseitig nachvollziehbare Integration aller wichtigen Teilperspektiven lässt ein angemessenes Urteilsvermögen des zu beurteilenden Sachverhalts oder einer Idee erwarten, der idealerweise allen Teilaspekten gleichermaßen gerecht zu werden verspricht. Der Ablauf des Ideen-Bewertungsprozesses – der sich in der Praxis bewährt hat - lässt sich in folgenden Schritten unter der Voraussetzung darstellen, dass im Unternehmen (ausreichend) bewertungsfähige Ideen vorhanden sind:

1. Sichtung der schriftlich formulierten Ideen durch die Bewertungsgruppe, um zu entscheiden, welches *„Gewicht"* die jeweilige Idee für das Unternehmen hat. Damit einher geht die (Vor-) Prüfung des jeweils geeigneten Bewertungsverfahrens.

2. Sortierung der Ideen nach den geeigneten Bewertungsverfahren. Eine Entscheidungshilfe für diesen Ablaufschritt ist die Komplexität der Idee. Handelt es sich um wenig komplexe, eher einfach umzusetzende und mit wenig Ressourceneinsatz realisierbare Idee (nach Schritt 1) kann die Idee oder die Ideen im Bewertungsverfahren nach der Checkliste bearbeitet werden. Das Perspektiven-Modell eignet sich für komplexe oder technisch anspruchsvolle Ideen, deren Folgewirkungen nach dem ersten intuitiven Augenschein aus Schritt 1 nur schwer abschätzbar sind. Die Methode des *„Dialogs mit dem inneren Team"* eignet sich besonders gut für diejenigen Ideen, bei deren Betrachtung in Schritt 1 sich nur gefühlsmäßige Urteile beim Bewertungsteam einstellen.

3. Anwendung der verschiedenen Bewertungsmethoden, die nach Komplexität und Zeitaufwand gestaffelt durchgeführt werden.

4. Alle bewerteten Ideen werden in geeigneter Weise protokolliert und der Geschäftsleitung entweder zur Entscheidung oder zur Archivierung übergeben.

5. Entscheidung durch die Geschäftsleitung, die zusammen mit der Ideen-Bewertungsgruppe die weitere Vorgehensweise bespricht und konkrete Maßnahmen einleitet. Koordination des gesamten Ideen-Bewertungsprozesses und die Koordinierung der Umsetzung liegt in den Händen des Gruppenmoderators.

Diese Vorgehensweise lässt sich im Unternehmen und speziell im sozialen Prozess der Ideenbewertung dann erfahrungsgemäß am leichtesten durchführen, wenn die Unternehmenskultur durch ein *„Humanistisches Führungsverständnis"* geprägt ist, wie sie beispielhaft in den nachstehenden Bildern (1 bis 4) im Zusammenhang dargestellt wird:

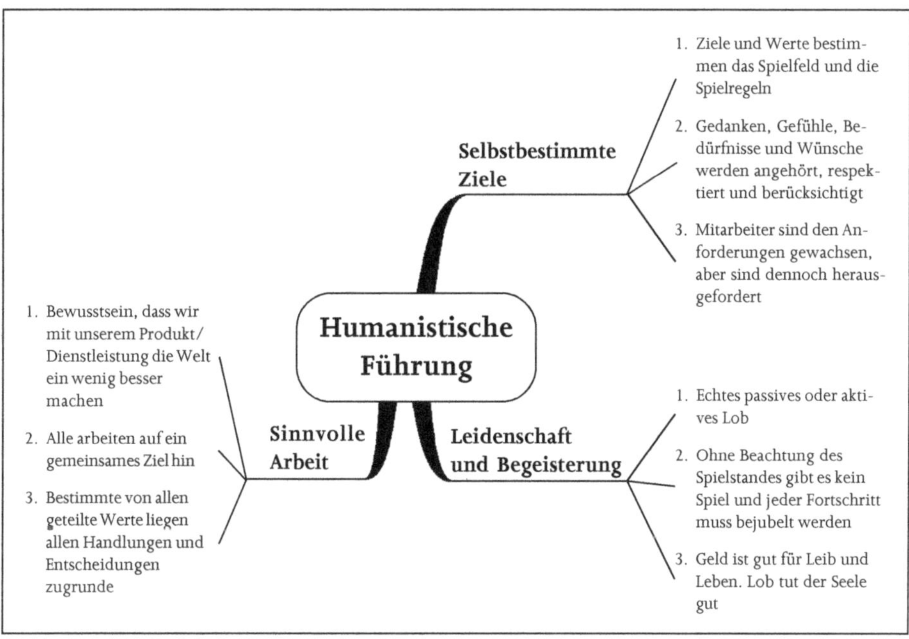

Bild 1: Humanistische Führung

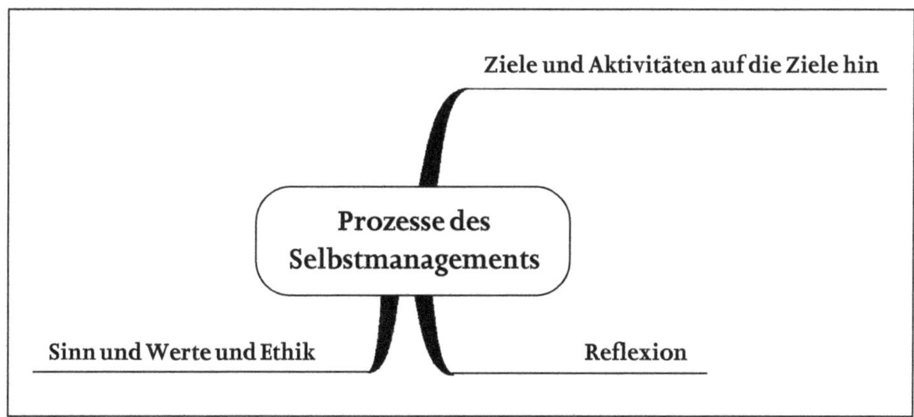

Bild 2: Prozess des Selbstmanagements

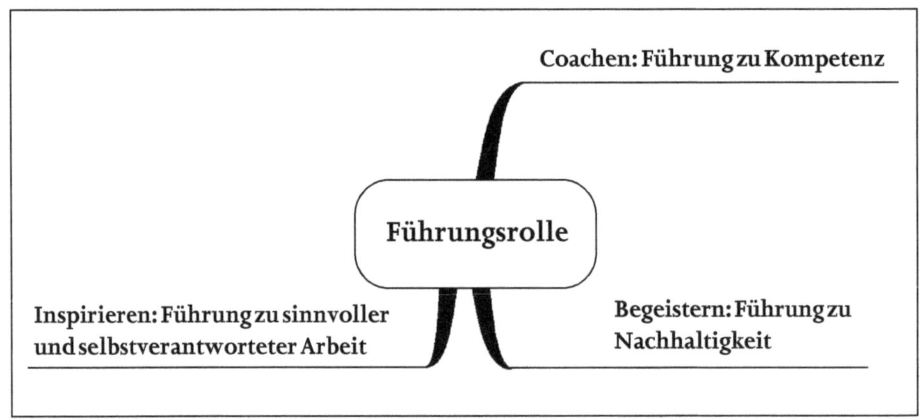

Bild 3: Führungsrolle

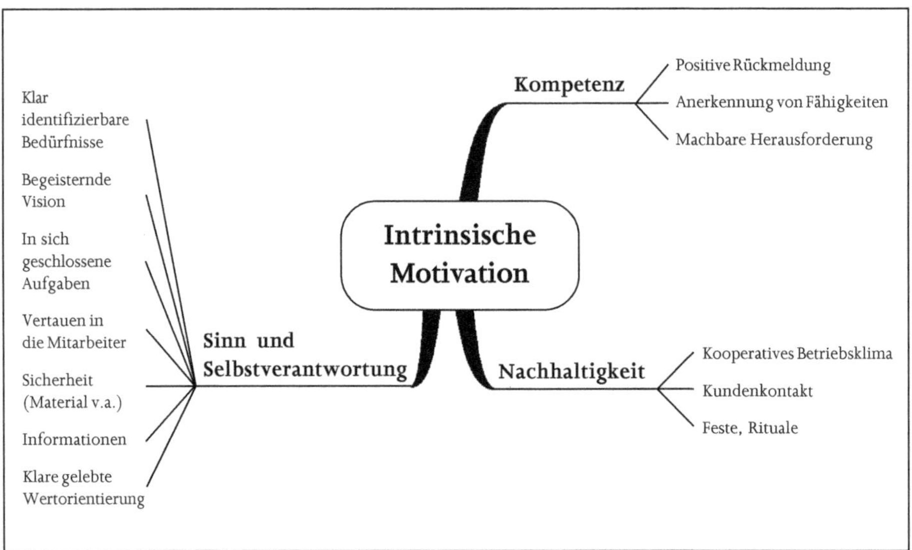

Bild 4: Intrinsische Motivation

Dieses auf dem diskursiven Gedanken basierende „Humanistische Führungsverständnis"
ist von jedem Unternehmen in Bezug auf den Ideen-Bewertungsprozess mit den
Bewertungsgruppenmitgliedern zu spezifizieren und abzustimmen, damit ein
Höchstmaß an Identifikation der Betroffenen erreicht werden kann. Besondere
Anforderungen sind dabei an den Leiter der Bewertungsgruppe zu richten, der in
der Praxis die (Führungs-) Rolle eines Gruppenmoderators einnimmt und der
über spezifische Fähigkeiten verfügen sollte.

In der Praxis hat sich die „Führung zu kreativer Leistung" in Unternehmen und
Organisationen bewährt, über die sich die Geschäftsleitung im Vorfeld der
Gestaltung des Ideen-Bewertungsprozesses intensiv Gedanken machen sollte. Im
Einzelnen stellen sich folgende Fragen und Aufgabenschwerpunkte:[2]

1. Welche Kompetenzen/Befähigungen sollte der kreative, innovationsfähige
   und innovationsbereite Mitarbeiter haben? (mindestens 10 Kompetenzen)

2. Status Quo: Mitarbeiter, so wie sie sind: Welche Kompetenzen haben diese
   zu welchen Prozentsätzen ausgebildet?

3. Welche Kompetenz-Defizite könnten durch entsprechendes Führungs-
   verhalten mit welchen Maßnahmen ganz oder teilweise beseitigt werden?

4. Was kann das Individuum und was das Unternehmen als System leisten?

5. Erstellen einer praktischen Typologie (mit Beispielen unterlegt)
   Im Innovationsalltag auftretende Bewertungsproblematiken
   Klärung der Voraussetzungen an die Bewertungsfähigkeit von Alternativen
   Zuordnung von angemessenen Bewertungsmodellen für jeden Typ, die
   möglicherweise in einem gestuften Filter anwendbar sind.

6. Bilder, Fließdiagramme oder andere geeignete Visualisierung in eine Fall-
   beschreibung einbauen.

7. Innovationshemmnisse und Innovationsfähigkeit

Während des gesamten Ideen-Bewertungsprozesses ist organisatorisch sicherzu-
stellen, dass die geistige Urheberschaft von Ideen für alle Beteiligten nachvollziehbar bleibt, auch wenn im Verlauf des Bewertungsprozesses Veränderungen an der
Idee vorgenommen werden. Wird dieser Angst vor Ideenvereinnahmung durch
andere nicht organisatorisch im Bewertungsprozess vorbeugend Rechnung getra-
gen, dann schwindet sehr schnell die Bereitschaft der Mitarbeiter, neue Ideen zu
„produzieren" und mitzudenken.

6 Anforderungen an den Moderator des Ideen-Bewertungsprozesses

Die nachstehend genannten Fähigkeiten, Fertigkeiten und die Haltung dieses Moderators haben sich in der Praxisanwendung herauskristallisiert, denn in den Ideen-Bewertungssitzungen schwingen immer die unterschiedlichsten individuellen Haltungen, ethische Grundbefindlichkeiten und moralische Ansprüche mit, die bei nicht sachgerechter respektive professioneller Kommunikationssteuerung häufig genug zu Verletzungen der gegenseitigen Wertschätzung bzw. im schlimmeren Fall zu offenen Konflikten mit nachhaltig negativen Folgen für das Betriebsklima führen können.

1. Allparteilichkeit

2. Menschen- und lernorientierte innere Haltung

3. Drückt keine fertigen Lösungen in den Bewertungsprozess hinein

4. Sorgt dafür, dass das für das Unternehmen gemeinschaftlich Gute (Gemeinsinn) im Vordergrund bleibt

5. Methodische Professionalität

6. Geduld

7. Spiegelt intuitive Eindrücke und gibt gedankliche Anregungen

8. Ist mit sich selbst im Reinen, d.h., kennt seine eigenen mentalen Modelle und hat eine sehr hohe Übereinstimmung seines Selbstbildes mit den Bildern, die die Bewertungsgruppenmitglieder von ihm/ihr haben. Fühlt sich in seiner Rolle absolut sicher und „fließt" mit dem Bewertungsprozess „mit"

9. Soziale Kompetenz und gruppendynamische respektive systemische und gegebenenfalls auch therapeutische Erfahrung mit Individuen und Gruppen

10. Sehr hohe kommunikative Kompetenz.

Tauchen im Bewertungsprozess Konflikte zwischen Bewertungsgruppenteilnehmern auf, hat der Moderator die (nicht leichte) Aufgabe, diese nach dem Schillerschen Postulat gleichsam „aufzuheben". „*Jeder individuelle Mensch trägt, der Anlage und Bestimmung nach, einen reinen idealistischen Menschen in sich, mit dessen unveränderlicher Einheit in allen seine Abwechslungen zu übereinstimmen, die große Aufgabe unseres Daseins ist.*"[1] „*Aus der Wechselwirkung zwei entgegengesetzter Triebe, und aus der Verbindung zwei entgegengesetzter Principien haben wir das Schöne hervorgehen sehen, dessen höchstes Ideal also in dem möglichst vollkommensten Bunde und*

Gleichgewicht der Realität und der Form wird zu suchen sein. Dieses Gleichgewicht bleibt aber immer nur Idee, die von der Wirklichkeit nie ganz erreicht werden kann."[2] „Weil aber beyde Zustände einander ewig entgegengesetzt bleiben, so sind sie nicht anders zu verbinden, als indem sie aufgehoben werden. Unser zweytes Geschäft ist also, diese Verbindung vollkommen zu machen, sie so rein und vollständig durchzuführen, dass beyde Zustände in einem Dritten gänzlich verschwinden, und keine Spur der Theilung in dem Ganzen zurückbleibt; sonst vereinzeln wird, aber vereinigen nicht."[3]

7 Schlussbemerkung

Ein Innovationsmärchen aus Deutschland: Es waren einmal zwei Physiker, die hielten ein Stück Tesafilm in einen Laserstrahl und brannten kleine Punkte in die Folie. Und es geschah, dass die Medien die Nachricht im Land verbreiteten: Forscher speichern Daten auf TesaROM. Da meldete sich ein reicher Stifter und gab den Forschern Geld. Ein Mann von Tesa brachte noch mehr Geld. Die Forscher stellten andere Forscher ein und bauten eine Maschine für Hologramme und Speicher auf Tesa. Jetzt wollen sie damit Geld verdienen und anderen Menschen eine Arbeit geben.[1]

Anmerkungen

1 Einleitung

1. Diesen Hinweis verdanke ich meinem Freund Dr. Hermann Sottong. Ein weiterer Aspekt unvollständigen Denkens ist die vorschnelle kausale Schlussfolgerung von Idee auf Innovation ausschließlich im Sinne von neu gleich gut oder besser als das Bisherige.

2. Nach dem Anthropologen Gregory Bateson ist ein „*Kontext*" eine Vorstellung eines Musters in der Zeit. „*Kontext*" ist mit „*Bedeutung*" verknüpft. Ohne Kontext haben Worte und Handlungen überhaupt keine Bedeutung. Das gilt nicht nur für die menschliche Kommunikation mit Worten, sondern auch für alle Kommunikation schlechthin, für alle geistigen Prozesse – und damit auch für die Bewertung von Ideen in Unternehmen. Es ist mithin der Kontext, der die Bedeutung festlegt. Vgl. *Gregory Bateson* (2000), S. 24-26.

3. „Entscheidend ist die Voraussetzung, dass Ideen (im weitesten Sinne des Wortes) Beweiskraft und Realität haben. Sie sind es, das wir wissen können, und nichts anderes können wir erkennen. Die Regelmäßigkeiten oder „Gesetze", die Ideen aneinander binden – sie sind die „Wahrheiten". Näher können wir nicht an die letzte Wahrheit herankommen." *Gregory Bateson* (2000), S. 236. „Jede neue Idee liegt jenseits der unmittelbaren Erfahrung. Unmittelbare Erfahrungen ergeben niemals etwas Neues, sondern erst die zusammenfassende Idee, die diese Tatsachen verbindet." *Alfred Adler* (1977), S. 166. Ähnlich sieht das der Philosoph Friedrich Nietzsche: „Nicht dass man etwas Neues zuerst sieht, sondern dass man das Alte, Altbekannte von Jedermann Gesehene und Übersehene wie neu sieht, zeichnet die eigentlich originalen Köpfe aus." *Friedrich Nietzsche* (2001), S. 20. Die Philosophin Hannah Arendt sieht den Willen als eine einzigartige Fähigkeit, etwas anfangen zu können: „Der Wille sei essentiell für die Stiftung der Freiheit. Und doch treibt uns das Wollen auch in einen ´Abgrund der reinen Spontaneität´: den Willen, das Alte durch das jeweils Neue zu ersetzen." Hannah Arendt in *Antonia Grunenberg* (2003).

2 Begriffliche und methodologische Grundlagen

1. Sowohl „*eidos*" als auch „*idea*" haben dieselbe Wortwurzel wie das griechische Wort für „*sehen*" und werden ohne jeden Bedeutungsunterschied gebraucht. Die „*idea*" und das „*eidos*" von etwas ist das, was man sieht, wenn man sich etwas anschaut, d.h. der Umriss, die Gestalt oder die Form, die ein Gegenstand hat. Im Deutschen hat es sich eingebürgert, „*idea*" und „*eidos*" mit „*Idee*" zu

übersetzen, obwohl dabei leider der ursprüngliche Zusammenhang mit der sichtbaren Form und Gestalt eines Gegenstandes verloren gegangen ist. Wenn wir heute von einer Idee sprechen, dann meinen wir meist einen guten oder schlechten Einfall, den jemand (oft auch spontan) hat. Damit freilich hat das, was Platon unter einer Idee versteht, nichts zu tun. Die englischsprachige Literatur übersetzt „idea" und „eidos" mit „Form" und kommt damit näher an die ursprüngliche Wortbedeutung heran. *Michael Bordt (1999); S. 64.*

2. Weil eidos und idea ursprünglich das ist, was man sieht, wenn man auf einen Gegenstand schaut, liegt es für Platon nahe, davon zu sprechen, dass man die idea von etwas sehen kann. Platon spricht davon, dass die Idee ein paradeigma, ein Urbild oder Vorbild ist, auf das jemand schauen muss, um sich zu entscheiden... *Michael Bordt; S. 6.5* Den Zusammenhang zwischen Ideen, Einfällen und Visionen beschreibt sehr anschaulich der Komponist Paul Hindemith: „Das Wort *Einfall* ist der vollkommenste Ausdruck für die seltsame Unmittelbarkeit und Unerklärbarkeit, die wir gewöhnlich mit künstlerischen Ideen im allgemeinen und mit musikalischen im besonderen verbinden. Irgend etwas – man weiß nicht, was es ist – fällt in uns hinein – man weiß nicht woher -, dort wächst es – man weiß nicht wie -, zu einer klingenden Form – man weiß nicht warum. (...) Der Begabte hat das Talent, sein künftiges Werk blitzartig in seiner Totalität aufleuchten zu sehen... Die einmal gesehene Vision wird während der Ausarbeitung (...) vor seinem Geiste gegenwärtig sein." Beethoven (Anmerkung *Norbert Weiss*) „will nicht einen Einfall verbessern oder verändern; er muss ihn dem in der Vision erschienenen Original anpassen, selbst wenn diese unabweisbare Notwendigkeit ihn zwingt, unermüdlich zu suchen und mit all seiner Handfertigkeit und Erfahrung das Material durch fünf oder mehr niedergeschriebene Realisationen zu treiben, die er schließlich fast bis zur Unkenntlichkeit von der ersten aufgezeichneten Form wegverrenken wird." *Pierre Bertaux (2001); S. 401-403.*

3. *Gregory Bateson (1981); S. 353.* Sehr schön beschreibt auch Ernst Bloch die verschiedenen Phasen der Ideenentstehung als geistige Produktion: Inkubation, Inspiration und Explikation. Die geistige Produktivität, die den Vorgriff auf das Neue herausarbeitet und klarer werden lässt, gliedert Bloch in drei Stadien des Vermögens, die Ränder des Bewusstseins auszuweiten: Inkubation, Inspiration und Explikation. In der Inkubation, einem Zustand relativer Dunkelheit, wird zunächst nur der Anstoß des Nicht wahrgenommen, ein Ungenügen empfunden und auf das Gesuchte ungefähr gezielt, das sich vorerst nebelhaft in der Ferne abzeichnet. Hierzu gehören die Aussageformen des Meinens und Vermutens. Dieser Zeit der Inkubation, des heftigen Meinens, folgt dann irgendwann die plötzliche, blitzhafte, jähe Klärung, die als Inspiration bezeichnet wird. Der Inspiration folgt das dritte Stadium der

geistigen Produktion, das Stadium der Explikation. Der Ausspruch „Genie ist Fleiß" passt genau hierher. Wer eine Inspiration hatte, muss diesen Gedanken weiter ausarbeiten, um ihn für sich und andere weiter zu klären und damit im Realen wirksam werden zu lassen. Zwar müssen alle Bedingungen stimmen, damit zukünftig Neues eintreten kann; Bedingung ist aber nicht die Ursache für notwendige Wirkung. Darum kann, wenn alle Bedingungen erfüllt sind, die erwartete Wirkung eintreten – aber nicht notwendigerweise. Bezogen auf den Grundgedanken bei Bloch heißt das: Das Neue kann, muss aber nicht herausgebracht werden; der Prozess kann zum Guten kommen, aber auch im Nichts enden. Das Neue muss nun auch in Maßen ausgedrückt werden können. Alles, was neu produziert wird, kann sich in Produkten ausweisen. Wie sollen die aber gemessen oder gezählt werden? Jedes neu Herausgebrachte ist anders als das, was schon war, lässt sich nicht quantitativ mit solchem vergleichen. In Prozesskategorien muss ein anderes Messen möglich sein, das nicht von außen an die Sache herangetragen wird. Der Maßstab kann nur aus der Sache selbst kommen. Ein solcher Maßstab würde zwar auch ein Mehr oder Weniger messen, aber ein Mehr oder Weniger, das qualitativ bestimmt ist. Er könnte nicht ebenso an andere Sachen angelegt werden, sondern wäre auf eine einzige geeicht. *Ernst Bloch in: Detlef Horster (1999), S. 57-72.*

4. Platon ist der Auffassung, dass die Frage nach dem Sinn und Ziel von etwas irgendwann an ein Ende kommt, an dem man nicht mehr sinnvoll weiter *„warum?"* fragen kann. Dieses Ziel ist das letzte Ziel des menschlichen Lebens, das gute, glückliche Leben. Die Frage, warum wir ein gutes, glückliches Leben führen wollen, ist eine sinnlose Frage, weil sie sich prinzipiell nicht beantworten lässt. Für die Frage, ob es jemandem gelingt, ein gutes und glückliches Leben zu führen, hängt also Platon zufolge alles davon ab, dass er sich hinsichtlich des letzten Ziels nicht irrt und eine richtige Auffassung darüber hat, was das letzte Ziel, das Gute, sein kann und was nicht. *Michael Bordt; S. 79f.* Die Einsicht in die Idee des Guten bewirkt, dass alles andere im Leben brauchbar und nützlich wird. Wenn man die Idee des Guten nicht kennt, ist alles Wissen und jeder Besitz nutzlos. *Michael Bordt; S. 86.* Wichtiger als diese skeptische Haltung ist aber, dass Platon eine bestimmte Annahme über unsere Erfahrungswelt macht, die schon der Vorsokratiker Heraklit vor ihm vertreten hat, dem Aphorismen wie *„Alles fließt"* oder *„Man steigt nicht zweimal in denselben Fluss"* zugeschrieben werden. Wiederholt lässt Platon Sokrates die These vertreten, dass sich unsere Erfahrungswelt unaufhörlich verändert und es aufgrund dieser stetigen Veränderung kein wirkliches Wissen von ihr geben kann. Platon spricht davon, dass unsere Erfahrungswelt die Welt des Werdens ist, in der die Dinge vergänglich sind, entstehen und vergehen, sich aber nichts wirklich Bleibendes findet. Entsprechend die Welt der Ideen ist die Welt des

Seins. *Michael Bordt; S.* 104 Wenn der Künstler an einem Uhrwerk zu bessern hat, so lässt er die Räder ablaufen; aber das lebendige Uhrwerk des Staats muss gebessert werden, indem es schlägt, und hier gilt es, das rollende Rad während seines Umschwunges auszutauschen". *Friedrich Schiller* (2000), S. 13.

5. Vgl. dazu *Leo A. Nefiodow* (2000), S. 11-31.

3 Voraussetzungen einer sinnvollen betrieblichen Ideenbewertung

1. Ideenfindung ist die Voraussetzung für die betriebliche Ideenbewertung. Die Ideenfindung ist nicht Gegenstand dieser Veröffentlichung. Ist die betriebliche Ideenfindung Gegenstand der Überlegungen, dann kann das Buch von Helmut Schlicksupp (1977) wertvolle Hinweise geben.

2. *Friedrich Schiller* (2000), S. 62. Entscheidend für innovative Persönlichkeiten ist deren Fähigkeit, ein lebenslanges Bewahren der Fähigkeit zum kindlichen, intuitiven Denken bei gleichzeitiger sozialer Intelligenz.

3. Zur Bewertung nach der Widerspruchsanalyse vgl. *Rolf Herb; S.* 77-98.
   „Idealistik" bis zur Absurdität (innovative, aber wenig praxistaugliche Ideen)

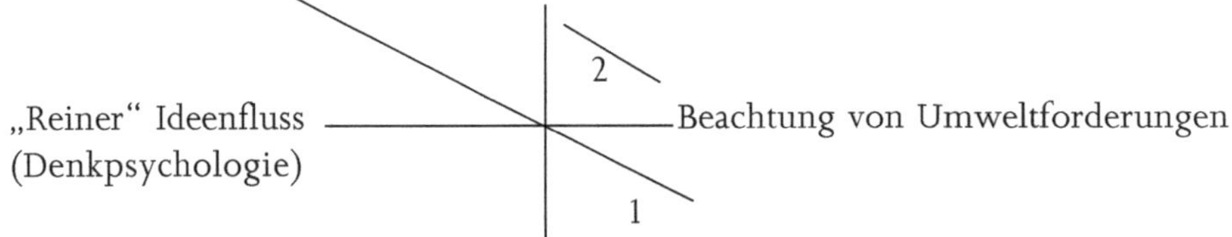

„Realistik" (praxisnahe, aber wenig innovative Ideen)

Das Bild zeigt die Steuerungsaufgaben des Bewertungsmanagements; Pfad 1 = tendenzielle Abnahme der Innovativität von Ideen durch Aufbau von Denkblockaden bei zunehmender Befrachtung des Prozesses mit Umweltanforderungen. Lösungsmöglichkeit durch Separation in der Zeit, also im zeitlichen Nacheinander d.h. zunächst in Richtung „Idealistik" zu gehen (Ideenfindung), um dann durch Ideenbewertung die Spreu vom Weizen zu trennen, ohne doch auf die Innovativität verzichten zu müssen. Die Ideenbewertung (Pfad 2) filtert unter Praxisgesichtspunkten aus.

Wir wissen aus vielfältigen Untersuchungen disziplinenübergreifender anthropologischer Forschung, dass Individuen nicht so sehr zu Leistungen motiviert, wie das Bewusstsein, sich für eine „große" Idee einzusetzen.

4. Die Wortbedeutung von „*Haltung*" geht auf griechischen Ursprung zurück und bedeutet dort „*antreiben, bewegen*". Das beschreibt genau das, um was es m. E. eigentlich geht: Haltung ist etwas, was die Menschen im Innersten bewegt und antreibt. Vgl. *Kluge* (2002); S. 387.

5. Die Fa. W.L. Gore and Associates, Inc. mit Sitz in Newark – Bundesstaat
    Delaware – wurde berühmt durch sein atmungsaktives leichtes Textilgewebe.
    Unternehmensgründer Bill Gore hatte 1958 eine klare Vorstellung von einem
    einzigartigen Arbeitsumfeld, das die Kreativität seiner Mitarbeiter beflügeln
    würde. Bei W.L. Gore gehören alle der über 6000 Mitarbeiter einer einzigen
    großen Mannschaft an. Die Organisation sieht statt einer tradierten Hierarchie
    mit festgelegten Berufsbezeichnungen und Rollen ein lockeres Netzwerk von
    Mitarbeitern vor: die so genannte „Gitterstruktur", in dem jeder Mitarbeiter dem
    anderen gegenüber und gleichzeitig für die vielen verschiedenen Projekte des
    Unternehmens verantwortlich zeichnet. Die Gore´sche Gitterstruktur zeichnet
    sich durch folgende Strukturmerkmale aus:

- Direkte Kommunikation von „Angesicht zu Angesicht" (*Martin Buber*).

- Keine festgelegten und installierten Autoritäten.

- Nicht Führungskräfte als Vorgesetzte leiten den Mitarbeiter an, sondern
  Sponsoren.

- Führungskräfte haben insofern Mitarbeiter, als sie Gefolgsleute haben.

- Zielvorgaben werden nur von denjenigen Mitarbeitern gesetzt, die sie
  auch erreichen müssen.

- Aufgaben und Funktionen im Unternehmen beruhen ausschließlich auf
  individuellen Selbstverpflichtungen.

Es sieht auf den ersten Blick so aus, als deutet das Fehlen einer formalen
Hierarchie bei W.L. Gore auf eine Führungslosigkeit hin. Im Unterschied zu
vielen anderen Unternehmen treten die Führungskräfte bei Gore aus der
Belegschaft im Bedarfsfall hervor, statt von der Geschäftsführung formell
eingestellt zu werden. Diese Führungskräfte, die mit einer individuellen
Selbstverpflichtung hervortreten, gewinnen ihre Autorität dadurch, dass sie
Gefolgsleute für ihre Aufgabe oder Idee begeistern können und damit für sich
gewinnen. Das heißt, Kollegen, die sich für dieselben Ziele und Aufgaben
einsetzen wie die Führungskräfte selbst. Ein neues Produkt entsteht bei W.L.
Gore, wenn ein Mitarbeiter eine Idee hat und Sponsoren und Kollegen dafür
begeistern kann, die dann bei der Umsetzung auf dem Weg in die Produktion
helfen. *Harvey Seifter/Peter* (2001); S. 132-136. Platon macht immer wieder
darauf aufmerksam, dass es nichts nützt, bestimmte Dinge zu können oder zu
besitzen, wenn man nicht auch weiß, wie man diese Dinge so gebraucht, dass
sie von wirklichem Nutzen für einen sind. Damit etwas wirklich nützlich ist,
muss man wissen, was vernünftigerweise das letzte Ziel des Strebens sein
sollte. Dieses Wissen um die Idee des Guten beinhaltet das Wissen um einen
Maßstab und ein Kriterium, das jemanden in die Lage versetzt, zu entscheiden,

ob die Dinge, die er anstrebt, wirklich nützlich und hilfreich für ihn sind. Er kann seine persönlichen Präferenzen, Ziele und Interessen daraufhin befragen, ob es richtig ist, diese Präferenzen, Ziele und Interessen zu haben. Wer das Gute kennt, kann so mit den Dingen und seinem Wissen umgehen, dass sie ihm nützlich und hilfreich werden. *Michael Bordt*; S. 87

6. „Ethik fragt allerdings häufig nicht nur nach, ´sinnvoll, richtig und zweckmäßig´, sondern sucht nach stärkeren Urteilen: nach ´richtig´ und ´falsch´. Dann kommen Emotionen ins Spiel, die zu starken Reaktionen aufrufen." *Ulrich Hemel* (2005); S. 3. „Es ist immer leicht, auf das Unbekannte defensiv zu reagieren. Positiv betrachtet bedeutet jede Veränderung, selbst die Krise, stets auch eine Befreiung von Altem. Dann können wir Neues anpacken, dessen mögliche Realisierung vorher in weiter Ferne lag. In dem Neuen liegt für eine alte Volkswirtschaft wie die deutsche die einzige Chance der Weiterentwicklung. Wir brauchen eine breite gesellschaftliche Debatte darüber, wie ethische Maßstäbe für neue Technologien aussehen sollten."... „ Souverän handeln kann nur, wer einen Maßstab besitzt, an dem er sein lang- und kurzfristiges Handeln ausrichten kann. Dann vermag er nicht nur zu handeln, dann zeigt er Haltung. Der ökonomische zweckrationale Maßstab ist relativ einfach – wir haben eine Verantwortung für den Erhalt der Unternehmen, und unter diesem Gesichtspunkt sind auch harte Einschnitte zu rechtfertigen. Aber wir wissen auch, dass die Unternehmen Teil ihrer Gesellschaften und Kulturen sind und nicht losgelöst von ihnen existieren, dass sie zwar den eigenen Gesetzen des Wirtschaftens folgen müssen, aber diese Gesetze nicht zum Ideal ausrufen dürfen. Wo wird man die Grenze des Wirtschaftens ziehen? Wo wird die Ökonomie das Sagen haben, und wo werden gesellschaftliche Werte und ethische Grundregeln heranzuziehen sein?"..."Der Maßstab des eigenen Handelns lässt sich von Dritten empirisch ableiten. Es wird genau gesehen, wie ernst es dem Manager (und dem Unternehmer; Anmerkung *Norbert Weiss*) wirklich ist. Das ist Führung! Der Manager/Unternehmer muss im Rahmen dessen entscheiden, was er entscheiden kann, aber dort muss er seine Verantwortung auch voll wahrnehmen. Dabei wird in vielen Fällen die Qualität der Methodik, mit der er zu seiner ethischen Entscheidung kommt, genauso wichtig sein wie die eigentliche Entscheidung." *Ulrich Hemel* (2005); S. X-XII.

7. *Ralf Dahrendorf* (2003), S. 44. Bewertungsentscheidungen und die damit meist einhergehenden Konflikte in Unternehmen haben mit zunehmenden Wahlmöglichkeiten der Entscheider zu tun, worin sich wiederum deren gestiegene Freiheit ausdrückt. „Im Augenblick der Entscheidung, es ist der Augenblick der Freiheit, ist jeder auf eine abgründige Weise unbestimmt und muß sich selbst bestimmen. Die Angst der Freiheit veranlaßt zur Flucht unter den Schutz

der Notwendigkeit. Aber dieser Schutz ist trügerisch, denn seine Freiheit wird man nicht los, da man ja aus Freiheit versucht, seine Freiheit loszuwerden." *Rüdiger Safranski* (1990); S. 118.

8. Unter Werten verstehen wir „die bewußten oder unbewußten Orientierungsstandards und Leitvorstellungen, von denen sich die Individuen und Gruppen bei ihrer Handlungswahl leiten lassen". *Ebers/Melchers* (2002); S. 39). „Die eigene Freiheit endet, wo die Freiheit des anderen beginnt. Deshalb soll der Erdenbürger seinen persönlichen Willen so einschränken, dass seine Freiheit mit der aller anderen Menschen zusammen bestehen kann. Ohne gegenseitige Achtung ist keine individuelle Selbstbestimmung möglich, ohne eine gewisse Selbstbeschränkung keine Gemeinschaft geistig freier Menschen. Hierfür steht der Begriff des allgemeinen Willens, den man auch mit Gemeinwohl, Gemeinsinn und gemeinschaftlich geteilte Werte übersetzt." *Friedrich W.J. Schelling in Wetz* (1996), S. 82

9. Das Problem bei einer Bewertungsentscheidung ist nicht das Gewissen. Es geht dabei nicht um die Frage, wie man handeln soll, sondern was man eigentlich will bzw. wollen will. Dazu muss man paradoxerweise erst wissen, wie man gehandelt hat. Erst wenn man sich entschieden und gehandelt hat, weiß man, wer man ist. So gesehen gibt es kein Wissen um die individuelle Identität oder das eigene Selbst, das einem Handeln oder Tun vorausgeht. Was ich selbst bin, kann ich in einem strengen Sinne nicht vorher, sondern erst nach dem Handeln feststellen. Vgl. *Rüdiger Safranski; Schiller oder die Einführung des Deutschen Idealismus; München* 2004; S. 156. Was hat Bewerten von Ideen in KMU mit Verantwortung zu tun? „Wer seiner Verantwortung ausweicht, verschwindet als Mensch." *Stephan Wehowsky*, (1999), S. 7. Verantwortung gehört zu jedem Menschen und wenn dieser sie nicht wahrnimmt, dann schädigt er sich selbst. Menschen, die ihrem Gewissen als einer Art „innerer Gerichtshof" (*Immanuel Kant*) folgen, versetzen sich in die Lage anderer Menschen und Situationen und können damit die Zusammenhänge besser verstehen, weil es sie mehr angeht. Damit sind aber noch nicht denknotwendig „richtigere" Entscheidungen bei der Bewertung von Ideen die Folge. „Wo alle verantwortlich sind, ist es letztlich keiner mehr, weil jeder sich auf den anderen berufen, sich hinter ihm verstecken kann." *Stephan Wehowsky*, (1999), S. 27. Den meisten Individuen fehlt der Blick für das Unternehmensganze, wohingegen die meisten Mitarbeiter sehr geschickt ihre persönlichen Interessen gut darstellen können. Bei Lichte besehen zeigt sich die individuelle Verantwortungslosigkeit darin, dass der einzelne Mitarbeiter nur für die Befriedigung seiner persönlichen Interessen respektive Bedürfnisse sorgt und nicht bereit ist, für das Unternehmensgefüge Nutzeneinbußen hinzunehmen, damit das ganze System – d.h. letztlich auch wieder der einzelne Mitarbeiter – überleben kann.

10. Baldur Kirchner (1999) S. 66.

11. „Dem linearen Denken steht das von Hölderlin exemplarisch vertretene
´poetische´ Denken gegenüber, das ich als eidetisches Denken bezeichnen
möchte: das Denken in Bildern. Übrigens ist das eidetische Denken wahrscheinlich die Urform und die Grundform des Denkens überhaupt. Das
eidetische, bildhafte, anschauliche Denken als Urform des Denkens: die
Vokabel *Idee*, die für uns eine Abstraktion benennt, stammt von der indogermanischen Wurzel *vid*, die das Sehen, das Schauen bezeichnet. Erst später,
eigentlich nach Platon und mit seinem Jünger Aristoteles, hat das Wort *Idee*
einer Abstraktion entsprochen. ... Wie verbinden sich die Bilder untereinan-
der? Nicht nach logischen Regeln, sondern nach einer eigenen assoziativen
Gesetzmäßigkeit, die mit dem *logos* nichts zu tun hat – z.B. nach Ähnlichkeit
und Gleichgestaltigkeit (Isomorphie), oder nach Opposition und
Entgegensetzung.“ *Pierre Bertaux* (2000); S. 384

12. „Das Problem ist nicht das Gewissen. Es geht nicht um die Frage, wie man
handeln soll, sondern welches Handeln man eigentlich will. Es geht nicht
darum, was man wollen soll, sondern was man wollen will. Wie kann man
herausfinden, was man eigentlich will? Man wird es erst wissen, wenn man
gehandelt hat. Man muß sich entscheiden und handeln, um zu wissen, wer
man ist. Es gibt kein Wissen um die eigene Identität, das einem Handeln
vorausgeht. Was ich bin, weiß ich nicht vorher, sondern erst, wenn ich
gehandelt habe.“ *Rüdiger Safranski* (2004); S. 156. Um den Sinn von etwas zu
verstehen, müssen wir es in Beziehung zu anderen Dingen in seiner Umwelt,
in seiner Vergangenheit oder in seiner Zukunft setzen. Nichts ist an sich
sinnvoll. Sinn leitet sich aus einem allgemeinen Zusammenhang ab. Wenn der
Kontext einer Idee oder eines Ausdrucks Beziehungen einschließt, die uns
selbst betreffen, wird er für uns auf eine persönliche Weise sinnvoll. Dieses
tiefere Gefühl von Sinn enthält eine emotionale Dimension und kann sogar
den Verstand völlig umgehen. Etwas kann für uns zutiefst sinnvoll sein durch
ein direktes Erleben von Zusammenhang. Sinn ist wesentlich für uns Menschen. *Fritjof Capra* (2002), S. 117. Das Kreativitäts- und Lernpotential einer
Organisation lässt sich am effektivsten erhöhen sowie dynamisch und leben-
dig erhalten, wenn (...) Unternehmen den sozialen Raum bieten, in dem
informelle Kommunikationen gedeihen können. Wir müssen sie nicht
drängen, antreiben oder drangsalieren, damit sie sich ändern. Hier geht es
nicht um Kraft oder Energie, sondern um Sinn. Sinnvolle Störungen erregen
die Aufmerksamkeit der Organisation und lösen strukturelle Veränderungen
aus. *Fritjof Capra* (2002), S. 150.

4 Bewertungsmethoden

1. Die Phänomenologie ist traditionell die Lehre von den Erscheinungen im Sinne von Phänomen, d.h. die Erscheinung eines Gegenstandes der Außenwelt in den Sinnen. Das Phänomen nimmt eine vermittelnde Stellung zwischen den Gegenständen draußen in der Welt und dem Denken ein. Hegel gebraucht die Lehre von den Erscheinungen im Titel seines Frühwerkes: Phänomenologie des Geistes. Die Phänomenologie ist eine Bewusstseinsphilosophie. *„Bewusstsein ist immer Bewsstsein von etwas"* lautet die Maxime der Phänomenologie. In diesem Sinne kehrt sie zu den *„Dingen selbst"* zurück. Allerdings sind diese Dinge nicht einfach Dinge der unabhängig existierenden Außenwelt, sondern sie sind bestimmt als das *„Sich-selbst-Gleichbleibende"* im Wandel der verschiedenen, auf ein Objekt bezogenen Akte. Jede Art von Gegenständen besitzt bei den Phänomenologen ihre eigene Anschauung. Das bevorzugte Arbeitsgebiet ist die Frage nach Seinssinn (*Martin Heidegger*), also nach der Art und Weise, wie ein Gegenstand dem Bewusstsein gegeben sein kann. Vgl. *Martin Heidegger* (1993).

2. Vgl. dazu die Veröffentlichungen des Max-Planck-Instituts für anthropologische Grundlagenforschung und *Gerhard Roth* (2003)

3. Die vielfach in der Literatur beschriebenen Bewertungsmethoden wie beispielsweise die Quint-Essenz-Technik, die Pro- und Contra-Methode, die SWOT-Analyse, Nutzwert-Analyse, Kreativitäts-Innovations-Matrix und die Portfolio-Methoden sehen auf den ersten Blick sehr anwendungsfreundlich aus, werden aber in der Praxis kaum angewandt. Noch schwieriger anzuwenden sind die Investitionsrechnungsmethoden und die Nutzen-Kosten-Analyse. Das liegt nach unserer Beobachtung hauptsächlich daran, dass es sich bei dem Ideen-Bewertungsprozess um den Vorgang des gedanklichen Probearbeitens in der Zukunft handelt, der sich naturgemäß nur über die Intuition oder über Wahrscheinlichkeiten *„einfangen"* lässt, wobei letztere wiederum auf Intuition – allenfalls gepaart mit Erfahrungswerten – beruht. Vor diesem Hintergrund haben wir versucht, gleich die Verbindung von Intuition und Emotion auf der einen Seite und die Logik und Bewusstsein auf der anderen Seite in ein und derselben Vorgehensweise ausgewogen zu berücksichtigen. Nur in der Balance macht die Anwendung von Bewertungsmethoden überhaupt einen für Menschen nachvollziehbaren Sinn. Carl Friedrich von Weizsäcker definiert *„Wahrscheinlichkeit als Vorhersage einer relativen Häufigkeit"*, was u. E. wiederum mit Intuition in Verbindung steht. Von Weizsäcker grenzt sich von der auf dem Erwartungswert setzenden wissenschaftlichen Mehrheitsmeinung ab. Vgl. *Carl Friedrich von Weizsäcker* (2004), S. 352-353.

4. Eine praxisgerechte und leicht verständliche Einführung in die Arbeit mit dem „Dialog des inneren Teams" gibt *Friedemann Schulz von Thun und Wibke Stegemann* (2004).

5. *Virginia Satir* (2001); S. 26.

6. *Virginia Satir* (2001); S. 27.

7. Die Engpass-Konzentrierte Strategie (EKS) hat der Frankfurter Systemforscher *Wolfgang Mewes* schon in den 1970er Jahren entwickelt. Diese Strategie ist evolutorisch ausgerichtet und ist gedanklich sehr leicht nachzuvollziehen. Wird diese Strategie in einem Unternehmen konsequent angewandt, führt sie – und das lässt sich empirisch nachvollziehen – fast immer messbar zum Erfolg. Leider führt die EKS sowohl in der Theorie als auch in der Praxisanwendung ein Schattendasein und hat sich nicht gegen den anglo-amerikanischen Business-Administration-Ansatz und die verschiedenen zahlen- und controllinggetriebenen Management-Theorien durchgesetzt. Einfach und anschaulich nachvollziehbar wird der Ansatz beschrieben in: *Haas/Muthers* (1996) und *Friedrich* (2003) sowie *Friedrich* (2004).

8. Zielgruppendefinitionen gibt es in der Literatur viele. Im Sinne der EKS bedeutet (Wunsch-) Zielgruppe eine vom Unternehmen genau spezifizierte Gruppe von Menschen, die sich durch gleiche oder ähnliche Wünsche, Werte und Bedürfnisse auszeichnen.

5   Ablauf des Ideen-Bewertungsprozesses (Verfahrensdesign)

1. *Hannah Arendt* (1998); S. 197. Der kanadische Philosoph Charles Taylor sieht den Dialog als das allgemeine Merkmal menschlichen Lebens, was er in Zusammenhang mit der Entstehung des menschlichen Geistes stellt, was nicht etwas Monologisches, sondern etwas Dialogisches ist. Die Stellung des Dialogischen wird im menschlichen Leben massiv unterschätzt. So ist es eine weit verbreitete Idealvorstellung, dass die Individuen Beziehungen zu anderen Menschen brauchen, um sich selbst zu verwirklichen. Für die Selbstbestimmung des Individuums scheinen die Mitmenschen keine Rolle zu spielen. Demgegenüber fokussiert Charles Taylor darauf, dass die individuelle Identität im Dialog mit anderen Menschen gebildet wird, d.h. in der Übereinstimmung oder Auseinandersetzung mit der jeweiligen Anerkennung der eigenen Person. Die individuelle Identität ist entscheidend abhängig von den jeweiligen dialogischen Beziehungen zu anderen. Vgl. *Charles Taylor* (1997); S. 41-43.

2. Diese Hinweise zu Führung zu kreativer Leistung in Organisationen verdanke ich einem Gedankenaustausch mit Dr. *Helmut Schlicksupp*.

6   Anforderungen an den Moderator des Ideenbewertungsprozesses

1. Friedrich Schiller (2000), S. 15.

2. Friedrich Schiller (2000), S. 64.

3. Friedrich Schiller (2000), S. 71.

7   Schlussbemerkung

1. Wer sich zu diesem Innovationsmärchen näher informieren will: http://
    www.netzuser.de/HTML/tesarom.htm

Literaturempfehlungen

Adler, Alfred: Der Sinn des Lebens; Frankfurt/M. 1977

Arendt, Hannah: Vom Leben des Geistes; München 1998;

Bateson, Gregory: Geist und Natur. Eine notwendige Einheit; 6. Aufl.; Frankfurt/M. 2000

Bateson, Gregory: Ökologie des Geistes. Anthropologische, psychologische, biologische und epistemologische Perspektiven; Frankfurt/M. 1981

Bertaux, Pierre: Friedrich Hölderlin. Eine Biographie; Frankfurt/M. 2000

Blankard, K./Bowles, S.: Gung Ho! Wie Sie jedes Team in Höchstform bringen; 3. Auflage; Reinbek b. Hamburg 2003

Bordt, Michael: Platon; Meisterdenker; Freiburg i.Br. 1999

Buber, Martin: Das dialogische Prinzip; 9. Aufl.; Gütersloh 2002

Capra, Fritjof: Verborgene Zusammenhänge. Vernetzt denken und handeln – in Wirtschaft, Politik, Wissenschaft und Gesellschaft; München 2002

Dahrendorf, Ralf: Auf der Suche nach einer neuen Ordnung; München 2003

Ebers, T./Melchers, M.: Vom Wert der Wertdebatte; Anmerkungen und Orientierung; Freiburg i. Br. 2002

Friedrich, Kerstin: Erfolgreich durch Spezialisierung; München 2003

Friedrich, Kerstin: Empfehlungsmarketing. Neukunden gewinnen zum Nulltarif; 4. völlig überarbeitete und aktualisierte Auflage; Offenbach 2004

Grunenberg, Antonia: Arendt; Freiburg i. Br. 2003

Haas, Heidi/Muthers, Helmut: Mitarbeiter als (Mit-) Unternehmer. In sieben Schritten zu mehr Erfolg und Karriere; 2. Auflage; Offenbach 1996

Heidegger, Martin: Grundprobleme der Phänomenologie (1919/20); Frankfurt/M. 1993

Hemel, Ulrich: Wert und Werte. Ethik für Manager – Ein Leitfaden für die Praxis; München 2005

Herb, Rolf et al.	Triz. Der systematische Weg zur Innovation; Landsberg/Lech 2000
Horster, Detlef:	Ernst Bloch. Eine Einführung; Wiesbaden 1999
Kluge, Friedrich:	Etymologisches Wörterbuch der deutschen Sprache; 24. Aufl.; Berlin 2002
Kirchner, Baldur:	Benedikt für Manager. Die geistigen Grundlagen des Führens; Wiesbaden 1999
Luhmann, Niklas:	Vertrauen. Ein Mechanismus der Reduktion sozialer Komplexität; 3. Aufl.; Stuttgart 1989
Nefiodow, Leo A.:	Der sechste Kondratieff. Wege zur Produktivität und Vollbeschäftigung im Zeitalter der Information; 4. Auflage; Sankt Augustin 2000
Nietzsche, Friedrich:	Formel meines Glücks. Aus Friedrich Nietzsches Werken; hrsg. v. Hans-Joachim Simm; Frankfurt/M. 2001
Ripperger, Tanja:	Ökonomik des Vertrauens. Analyse eines Organisationsprinzips; Tübingen 1998
Roth, Gerhard:	Aus Sicht des Gehirns; Frankfurt/M. 2003
Schulz von Thun, Friedemann/Stegemann, Wibke (Hg.):	Das innere Team in Aktion. Praktische Arbeit mit dem Modell; Reinbek b. Hamburg 2004
Satir, Virginia:	Mein Weg zu dir. Kontakt finden und Vertrauen gewinnen; 5. durchgesehene Aufl.; München 2001
Safranski, Rüdiger:	Wieviel Wahrheit braucht der Mensch?; München 1990
Safranski, Rüdiger:	Schiller oder die Einführung des Deutschen Idealismus; München 2004
Scheler, Max:	Ethik und Kapitalismus. Zum Problem des kapitalistischen Geistes; hrsg. v. Klaus Lichtblau; Berlin 1999
Schiller, Friedrich:	Über die ästhetische Erziehung des Menschen in einer Reihe von Briefen; Stuttgart 2000
Schlicksupp, Helmut:	Kreative Ideenfindung in der Unternehmung. Methoden und Modelle; Berlin 1977

Seifter, H./Economy, P.:   Das virtuose Unternehmen; Frankfurt/M. 2001

Taylor, Charles: Das Unbehagen der Moderne; 3. Aufl.; Frankfurt/M. 1997

Thomas, Kenneth W.:   Team-Time. Das Motivationskonzept der Zukunft; München 2001

Wehowsky, Stephan: Über Verantwortung. Von der Kunst seinem Gewissen zu folgen; München 1999

Weizsäcker, Carl F. v.:   Große Physiker. Von Aristoteles bis Werner Heisenberg; Wiesbaden 2004

Wetz, Franz Josef: Friedrich Schelling zur Einführung; Hamburg 1996

Wilber, Ken: Eros, Kosmos, Logos. Eine Jahrtausend-Vision; 3. Aufl., Frankfurt/M. 2002

Zum Autor

Dr. Norbert Weiss, Dipl.-Volkswirt

Langjährige Beratungserfahrung in Industrie-, Handels- und Dienstleistungsunternehmen, insbesondere in kleinen und mittleren Unternehmen, aber auch in Großunternehmen.

Geschäftsführer der symbio Beratungsgesellschaft und geschäftsführender Gesellschafter der symbio EWIV – Organisationen & Persönlichkeiten. Umfangreiche Erfahrung in folgenden Arbeits- und Beratungsbereichen: Motivorientierte Akquisition, KVP, Konfliktmanagement & Mediation, Coaching von Führungskräften, Supervision, systemische Organisations- und Personalentwicklung, Wirtschaftsphilosophie.

norbert.weiss@symbio-ewiv.de

Printed by Libri Plureos GmbH
in Hamburg, Germany